悬浮隧道流固耦合数值模拟技术

金瑞佳　阳志文　刘　波　朱婷婷　著

人民交通出版社

北京

内容提要

本书采用不同的理论方法，分别建立了波浪与悬浮隧道二维时域模型、水流与悬浮隧道二维时域模型、波浪与悬浮隧道三维时域模型以及水流与悬浮隧道三维时域模型，开展了系列的数值模拟分析和物理模型试验，初步揭示了波流与悬浮隧道的耦合机理，阐释了悬浮隧道在复杂波流场作用下的整体动力响应和演绎规律，为悬浮隧道未来能否实施提供了理论参考。

本书可供海洋工程、交通工程等专业的科研人员、工程技术人员使用，也适合具有一定水动力基础的教师和研究生阅读，书中相关理论介绍及公式推导比较详细，大量的计算数据可用于其他类似水动力模型开发过程中的校验工作。

图书在版编目(CIP)数据

悬浮隧道流固耦合数值模拟技术 / 金瑞佳等著.
北京：人民交通出版社股份有限公司，2024.10.
ISBN 978-7-114-19730-7

Ⅰ.U459.5

中国国家版本馆CIP数据核字第2024L1F053号

Xuanfu Suidao Liu-Gu Ouhe Shuzhi Moni Jishu

书　　名	悬浮隧道流固耦合数值模拟技术
著 作 者	金瑞佳　阳志文　刘　波　朱婷婷
责任编辑	潘艳霞
责任校对	赵媛媛　卢　弦
责任印制	刘高彤
出版发行	人民交通出版社
地　　址	(100011)北京市朝阳区安定门外外馆斜街3号
网　　址	http://www.ccpcl.com.cn
销售电话	(010)85285857
总 经 销	人民交通出版社发行部
经　　销	各地新华书店
印　　刷	北京市密东印刷有限公司
开　　本	787×1092　1/16
印　　张	7.75
字　　数	170千
版　　次	2024年10月　第1版
印　　次	2024年10月　第1次印刷
书　　号	ISBN 978-7-114-19730-7
定　　价	80.00元

(有印刷、装订质量问题的图书，由本社负责调换)

PREFACE 前 言

悬浮隧道关键技术是我国面向未来的重大科学问题和工程技术难题,研究其与波浪水流的耦合机理并分析其在复杂波流场中的动力响应演绎规律,具有重要的理论价值和现实意义。从现有研究出发,尚不足以掌握悬浮隧道在波流场中整体的动力响应机理,无法对各参量进行敏感性分析并对项目进行可行性论证。本书依托不同的理论方法,分别建立了波浪与悬浮隧道二维时域模型、水流与悬浮隧道二维时域模型、波浪与悬浮隧道三维时域模型以及水流与悬浮隧道三维时域模型,开展了系列的数值模拟分析和物理模型试验,初步揭示了波流与悬浮隧道的耦合机理,阐释了悬浮隧道在复杂波流场作用下的整体动力响应和演绎规律,为悬浮隧道未来能否实施提供了理论参考。

第1章主要介绍了目前悬浮隧道的研究现状,讨论了悬浮隧道可能承受的荷载情况,后续着重介绍了现有研究中波浪与悬浮隧道的相互作用以及水流与悬浮隧道的相互作用,并指出了目前研究的不足。

第2章介绍了波浪与悬浮隧道二维时域模型,模型基于势流理论开发,计算精度精确到二阶,可以计算规则波、不规则波作用下悬浮隧道截面的水动力特性和锚链受力特性。基于此模型分别开展了圆形、双圆形、耳形及椭圆形截面悬浮隧道的相关计算,分析了水动力参数变化和结构参数变化对不同截面形式悬浮隧道动力响应的影响。

第3章介绍了高雷诺数下水流与悬浮隧道二维时域模型,模型基于黏性流理论开发,采用剪切应力传输(SST)k-ω封闭模型,计算不同雷诺数和不同浮重比下的管体受力特性和流场特性。

第4章介绍了波浪与悬浮隧道三维时域模型,波浪力计算基于莫里森方程,悬浮隧道管体近似为欧拉-伯努利梁,采用有限元方法模拟了其在波浪作用下的整体变形情况,研究了波浪周期、锚索布置间距、入射波浪方向、悬浮隧道淹没深度和系泊角度对悬浮隧道管段的水弹性响应与沿程锚索张力幅值的影响。

第5章介绍了水流与悬浮隧道三维时域模型,水流与悬浮隧道的相互作用采用离散涡水动力模型,同样把悬浮隧道整体简化为欧拉-伯努利梁来进行模拟,采用切片理论模拟其整体的受力和变形情况,还研究了不同预张力情况下三维悬浮隧道的整体变形和内部应力应变情况。

第6章对全书内容进行了总结与展望。

本书的编写基于交通运输部天津水运工程科学研究院近几年在悬浮隧道水动力数值模拟方面的研究成果,适合具有一定水动力基础的教师和研究生阅读,书中相关理论介绍及公式推导比较详细,大量的计算数据可用于其他类似水动力模型开发过程中的校验工作。在各部分代码开发的过程中,大连理工大学滕斌教授、国家知识产权局专利局审查协作中心天津中心郭晓玲副研究员、聊城大学刘名名教授、大连海事大学丛龙飞博士、天津城建大学宋吉宁教授对各部分问题求解提供了帮助,相关代码的开发工作正是在他们的帮助下才得以顺利完成的,在此表示感谢。

在全书的撰写过程中,天科院海洋水动力中心的各位同事对全书提供了宝贵的意见,阳志文、朱婷婷、刘波对全书的出版做出了巨大的贡献,郭泉、张雨、陈伊康等应用本书提供的模型开展了大量的数值计算和分析,特此感谢。

本书的疏漏之处在所难免,恳请广大专家、教师和读者提出宝贵意见和建议。

作 者
2024年5月

CONTENTS 目　　录

- **第1章　绪论** ··001
  - 1.1　研究意义 ···002
  - 1.2　国内外研究现状及发展动态 ···002
  - 1.3　存在主要问题 ···006
  - 1.4　本书研究内容 ···006
- **第2章　波浪与悬浮隧道二维时域模拟** ···009
  - 2.1　模型介绍 ···010
  - 2.2　单自由度衰减试验 ··016
  - 2.3　模型验证 ···018
  - 2.4　带有锚泊系统悬浮隧道的动态响应 ··019
  - 2.5　双车道截面悬浮隧道的动态响应 ···028
  - 2.6　本章小结 ···042
- **第3章　水流与悬浮隧道二维时域模型** ···043
  - 3.1　控制方程和湍流模型 ···044
  - 3.2　计算模型及边界条件 ···046
  - 3.3　数值离散与网格更新 ···046
  - 3.4　模型验证 ···047
  - 3.5　算例分析 ···049
  - 3.6　本章小结 ···060
- **第4章　波浪与悬浮隧道三维时域模型** ···063
  - 4.1　基本理论 ···064
  - 4.2　模型验证 ···066
  - 4.3　水弹性响应分析 ···067

4.4 本章小结 ··· 087

第5章 水流与悬浮隧道三维时域模型 ································· 089

5.1 离散涡水动力时域模型 ·· 090
5.2 固定圆柱绕流的模拟 ··· 096
5.3 运动圆柱的处理 ··· 097
5.4 长柔性悬浮隧道的有限元模型 ······································· 098
5.5 基于切片法的准三维涡激振动时域模型 ·························· 098
5.6 模型验证 ·· 100
5.7 三维悬浮隧道算例分析 ·· 101
5.8 本章小结 ·· 103

第6章 总结与展望 ··· 105

6.1 本书结论 ·· 106
6.2 展望 ·· 107

参考文献 ·· 108

第1章

绪论

1.1 研究意义

当前,依靠船舶的水路运输仍然是在零星分布的岛屿之间以及岛屿和大陆之间最主要的交通运输方式,人们一直在寻求如何以更便捷、经济的方式跨越更宽的水域来推动经济文化交流。在此过程中,跨海大桥和沉管隧道技术不断突破。然而,随着跨度和水深的增大,不论是桥梁结构还是沉管或是盾构隧道,深水基础的施工成本和困难程度都难以想象,对于超长跨度的海峡通道,亟待研发一种更为经济的方案代替传统的桥隧结构。在此背景下,一种不受水深和跨度限制的新式跨越方案——水中悬浮隧道(Submerged Floating Tunnel,SFT)进入了人们的视野。在2018年第20届中国科协年会闭幕式上,悬浮隧道关键技术被列为我国面向未来的12个重点领域60个重大科学问题和工程技术难题之一。攻克悬浮隧道关键核心技术,具有显著的工程实际应用及科学研究价值,对支撑我国建设科技创新强国、加快建设交通强国等国家战略具有重要意义。

即使是在交通如此发达的今天,人们若想跨越位于广东省雷州半岛和海南岛之间的琼州海峡,也只能乘坐飞机或轮渡。通过轮渡运输,正常情况单程需要4h,遇到风大浪高的时候,则被迫全线停航。琼州海峡东西长约80km,南北宽19.4~39.5km,平均宽度为29.5km,最大水深约为120m。从地理区位上看,琼州海峡是广东到海南的重要通道。由于琼州海峡跨海通道区域内每年都有多次大风甚至急性龙卷风等自然灾害,恶劣的天气给跨海大桥的建设带来巨大挑战,导致跨海大桥的方案搁置已久。同时,较大的水深也给沉管隧道的实施带来了很大的困难。因此,悬浮隧道作为一种跨越水域的新方案,为跨越琼州海峡提供了新的解决思路,开展复杂波流条件下悬浮隧道的动力特性研究具有重要的指导意义。

1.2 国内外研究现状及发展动态

挪威是最早开始研究悬浮隧道的国家,曾于1923年批准了世界上第一个关于悬浮隧道的专利。1968年,挪威人Tveit提出了一种混凝土管体的锚索式悬浮隧道方案,成为推动悬浮隧道研究的关键性人物[1];同年,挪威的工程师们成立了一个研究小组来研究SFT在实际工程中的可行性,并于1972年公布了研究成果;1986年,赫格峡湾的SFT工程在国际海峡穿越会议中被首次提出,随后多个挪威公司向政府的公路管理部门提交了几种悬浮隧道的设计构想[2]。意大利因Messina海峡的跨越问题,同样较早地加入了SFT的研究行列。意大利的Ponte di Archimede公司曾于1986年对Messina海峡连接工程中的最小水深和航运安全等问题进行了专门研究,1992年意大利的阿基米德公司PDA工作室和RINA集团先后对悬浮隧道设计方案的截面形状、设计标准和应考虑的问题进行了深入的研究探讨,并在此基础上编制了世界上第一本悬浮隧道的设计指南,用来为悬浮隧道的设计提供参考和技术论证[3]。根据挪威和意大利的相关研究,欧洲联盟(简称"欧盟")资助了两国有关部门和工程师对悬浮隧道的进一步研究,以为将来的悬浮隧道建设提供技术参考[4]。

除了欧洲地区外,日本和美国根据自身需要也对悬浮隧道开展了相关研究。日本相关科研人员于1994年成立了悬浮隧道研究协会[5]。美国针对无流速的内陆湖,提出了一种静水下的悬浮隧道(Still-Water Submerged Floating Tunnel,S-W SFT)概念,用以穿越Washington湖[6],这种概念与瑞士计划穿越Lugano湖的方案不谋而合[7-8]。

悬浮隧道存在多种支撑形式。根据其浮重比(Buoyancy Weight Ratio,BWR)可划分为自由式(BWR=1)、承压式(BWR<1)、漂浮式和张力腿式(BWR>1)。自由式悬浮隧道没有支撑连接系统,管体与两岸接驳自由漂浮于海中;承压墩柱式类似海底桥梁,通过自身重力使结构达到稳定;浮筒式通过漂浮于海面的浮筒与管体连接增加结构所受的浮力,使其重力与浮力平衡;张力腿式通过锚索或张力腿连接管体与海底使其结构稳定。在各种悬浮隧道形式中,张力腿式更符合我国海峡的适用条件而被更加广泛地研究。

近几年,国内国际关于悬浮隧道的研究依然火热,近三年在国际主流海洋工程期刊上有多篇论文公开发表。项贻强等[9]、耿宝磊等[10]、Zhang等[22]综述了悬浮隧道的水动力响应研究方法的数值模拟方法和物理模型等,并提出了今后的研究思路。Xu等[11]着重针对张力腿悬浮隧道综述了其可能受到的荷载、现有的设计方案、当前的研究方法以及未来的研究方向。Lin等[12]分析了由于缆绳激振引起的车辆与悬浮隧道耦合的振动问题。Jin和Kim[13]在时域内分析了隧道-锚链-火车在波浪作用下的耦合作用。Sharma等[14]分析了带有底部淹没透空防波堤情况下的波浪与悬浮隧道耦合作用。Zou等[15]采用神经网络和遗传算法对基于参数贝塞尔曲线的悬浮隧道断面形式进行优化,随后又研究了极端工况冲击下的水动力特点[16]。Xiang等[17]采用物理模型试验和数学模型试验模拟了锚链失效后的表现,并给出了最终的状态。Jin等[18]和Chen等[19]分别采用势流理论和黏性流理论分析了二维悬浮隧道的动力特性,并对浮重比等参数进行了敏感性分析。Deng等[20-21]针对双管道的悬浮隧道开展了拖曳试验研究,测量了拖曳力和升力以及扭矩等参数。悬浮隧道作为未来新型水下交通工具,可能承受的荷载多种多样。Xiang等[23]设计和分析了悬浮隧道物理模型试验,用来研究悬浮隧道在移动车辆荷载下的动力响应,并讨论了锚链和车辆的不同参数对悬浮隧道的影响。Jin等[24]提出了调谐质量阻尼器的优化过程,以减轻地震激励下SFT的横向运动和减小系泊张力,并证明调谐质量阻尼器在悬浮隧道振动控制中发挥了重要作用。Wu等[25]通过试验研究了SFT在地震、波浪和海流联合作用下的动态行为,这对于位于复杂海洋环境中的SFT的设计风险预防和控制具有理论和工程意义。对于悬浮隧道结构受力分析,Won等[26]通过试验研究了悬浮隧道连接处的抗弯性能,用于评估弯曲变形的安全性,随后又通过试验和分析研究了SFT钢复合空心RC模块接头的结构扭转行为,并分析了该节点的失效模式和扭转特性[27],最近又使用自由振动分析和时域分析技术分析了悬架SFT的振动特性,并证明SFT具有优异的自振动控制[28]。Wu等[29]基于沉管隧道接头和VLFS连接器的相似结构,提出了SFT的半刚性和半柔性接头结构,并通过数学分析和数值模拟研究了组合荷载

(轴向力和弯矩)下的非线性特性。Kwon等[30]研究了数字孪生辅助人工神经网络(ANN)模型,该模型可以使用数字加速度计和沿SFT长度稀疏分布的角度传感器来预测SFT的动态和结构行为。对于缆绳可能发生的损伤,Min等[31]基于卷积神经网络提出了一种改进的监测方法,用于评估悬浮隧道的缆绳损伤,改进了相关模型,并证明了它可以有效用于监测淹没结构。Shao等[32]在统计模式识别的背景下,为SFT的主管和系绳系统提出了一种新的敏感损伤检测方法,以通过使用时域力和位移序列分析作用在管和系绳上的水流引起的振动行为。

当悬浮隧道淹没深度不足以避免自由表面波浪时,管体将受到波浪的连续作用。在早期的波浪力计算中,人们大多采用Morison公式开展相关计算。Kunisu[33]采用Morison公式计算悬浮隧道受到的波浪作用下的运动姿态。麦继婷[34]、王广地[35]、龙旭[36]结合不同的波浪理论,同样应用Morison公式求解悬浮隧道上的波浪力,并建立了有限元模型用来分析动态响应。Lu等[37]研究了悬浮隧道在波浪作用下锚链的松弛和张紧情况,并为预防相关情况的发生提供了设计方案。Seo等[38]提出了一种简化算法来评估悬浮隧道在波浪下的表现,并进行物理模型试验加以验证。针对悬浮隧道在波浪中的受力问题,除了采用经验公式,许多学者应用高精度的数学模型开展计算。Guerber等[39]、Hannan等[40]和Bai[41]使用完全非线性波浪水槽计算水平淹没圆柱受到的高阶波浪力。Liu等[42]和Teng等[43-44]使用黏性流理论计算了波浪与水平淹没圆柱的相互作用。

现阶段针对悬浮隧道的研究,大多将截面形状简化为圆形进行研究,而结合实际工程,则悬浮隧道至少需要双车道来满足通行需求。Liu等[45]研究了不同约束条件和波浪荷载条件下SFT一般管段的水动力特性,通过使用挪威公共道路管理局提供的试验数据,验证了激励力的振幅和运动传递函数以及特定波谱下的运动谱,还对不同恢复刚度下管段的响应特性进行了比较。Xiang和Yang[46]考虑非线性水力阻力,研究了SFT的整体空间冲击响应,并发现锚固刚度、拉索倾角、浮重比、水力阻力等因素影响冲击响应。Sharma等[47]提出了一个包含水下漂浮海底隧道和底部安装的水下多孔防波堤的耦合模型,用以研究多孔防波堤的波反射和透射特性及其在减轻隧道上波浪力方面的作用。Shivakumar和Karmaker[48]使用多域边界元方法分析了在存在淹没碎石堆防波堤的情况下,波浪与两种不同形状(矩形和圆形)的SFT的相互作用。金瑞佳等[49]曾针对圆、椭圆和双圆这三种不同截面进行不同环境参数下的水动力特性分析,对结构所受的波浪激振力、附加质量以及辐射阻尼进行分析比较。刘宇等[50]同样分析了圆、椭圆、耳形以及双圆四种截面形状的悬浮隧道在不同锚泊倾角下悬浮隧道的运动响应,为悬浮隧道的截面形状以及锚索倾角设计选取提供了参考。

对于张力腿系统的漂浮结构,早期的研究聚焦于张力腿平台。Adrezin和Benaroya[51-52]将平台用刚性圆柱表示,用非线性梁研究了张力腿平台(Tension Leg Platform,TLP)的动力响应,Chandraekaran和Jain[53-54]研究了方形和三角形TLP平台在随机波浪荷载下的动态响应。Tabeshpour等[55]对结构在随机波浪下的响应在频域和时域内进行了整体的分析,然而并没有考虑绕射波浪力和二阶波浪力的影响。Zeng等[56]分析了考虑多重非线性情况下的TLP的非线性行为,随后进一步考虑了由大振幅运动引起的若干非线性因素,研究了具有松弛拉紧系绳的TLP的动态响应[57]。然而,张力腿式悬浮隧道与张力腿平台有所不同,由于其需要满足交通要求,不仅需要控制垂荡方向的运动响应,水平方向同样需要通过锚泊系统对其运动进行控制。

为了避免表面波浪的影响,设计者将悬浮隧道的淹没深度加深,此时悬浮隧道结构和锚泊系统主要承受水流的作用,会发生涡激振动现象。如果振动频率与结构的自振频率相同或者非常接近,振幅会变得很大,这将对悬浮隧道的安全性和舒适性有很大影响。同时,涡激振动也会导致锚泊系统发生疲劳,从而影响安全寿命。Feng[58]或许是第一个研究涡激振动问题的学者,开展了弹性支承圆柱在风洞中的物理模型试验。Williamson和Khalak[59-60]、Govardhan等[61]发现了随着约化速度的变化,结构的振动出现三个分支,即初始分支、上分支和下分支,每个分支对应不同的涡脱落模态。对于涡激振动的研究,绝大多数研究聚焦于低雷诺数情况的涡脱落状态。Placzek等[62]模拟了雷诺数Re=100情况下圆柱在水流作用下的受迫运动和自由运动,并同其他数学模型进行了对比。Behara等[63]研究了具有三个自由度且Re=300的弹性约束球体的涡激振动问题,并得出了一些有意义的结果。Islam等[64]使用LBM方法数值分析了雷诺数分别为100、150、200和250情况下均匀流经过矩形柱体时的涡激振动问题,随后又进一步研究了带有多控制杆的方形圆柱振动问题[65]。然而,实际海洋工程,例如悬浮隧道工程,是高雷诺数问题,Franke和Frank[66]采用大涡模拟计算了雷诺数Re=3900时的圆柱绕流问题,并与直接计算方法和试验结果进行了对比。Shao和Zhang[67]使用雷诺平均方法(Reynolds Average Navier-Stokes,RANS)方法和大涡模拟(Large Eddy Simulation,LES)方法模拟了雷诺数为5800时的圆柱绕流问题。Dong和Karmiadakis[68]采用了直接数值模拟方法(Direct Numerical Simulation,DNS)方法研究了雷诺数为10000时的圆柱绕流和圆柱的受迫振动问题。Zhao等[69-70]则研究了高雷诺数下水流经过两个不同外径圆柱的问题。针对悬浮隧道的涡激振动研究,Xiang和Chao[71]使用Hamilton原理开发了悬浮隧道管道和锚链的耦合震动模型用来分析结构在水流作用下的动态响应。Ge等[72]和Kang等[73]利用Von Del Pol方程来模拟细长体的在水流作用下的涡激振动问题,指出顺流向(IL)和横流向(CF)振动对结构的疲劳损害都很重要。Su和Sun[74]基于尾涡振子模型应用非线性振动方程研究了悬浮隧道的振动响应。Chen等[75]开发了柔性管体在剪切流中的多模态振动问题,发现随着流速的增加,振动响应中包含了更多的高阶模态。Jin等[76]通过求解雷诺平均Navier-Stokes方程,对不同雷诺数下的悬浮隧道涡激振动问题进行数值模拟,给出了雷诺数对振动的影响。

针对悬浮隧道这种超大型工程,整体的弹性变形不能忽略,此时结构的运动状态包含刚体运动和弹性变形,这种流固耦合问题被称为水弹性力学。早在20世纪60年代,Bishop与Price[77]就提出了计算二维船舶的线性水弹性理论,我国吴有声院士[78]、国外学者Bishop等[79]将其扩展到适用范围更加广泛的三维水弹性理论。之后国内外很多学者均对水弹性分析理论进行了开发和求解,特别是日本,受国土面积限制于20世纪进行了大量的海上浮式机场建设,也带动了大量学者开展相关研究。Watanabe等[80]系统地讨论了超大浮体受到的波浪力和漂移力的计算、结构形状、锚链系统及外围防波堤的选择。

Eatock Taylor 和 Ohkusu[81]发展了弹性梁的振动状态,随后完整和全面地总结了浅吃水梁、板地数学模型[82]。崔维成教授[83]对水弹性力学中结构力学和水动力学求解方法分别进行了讨论,采用边界元方法和有限元方法进行求解。陈徐均[84]建立了浮体二阶水弹性力学分析方法,分析了二阶波浪力对浮体水弹性分析的影响。滕斌和勾莹[85]综述了水弹性响应地频域分析方法,采用多极子展开高阶边界元方法求解波浪与大型浮体的流固耦合问题。Ohkusu[86]采用分离变量方法解析预报了超大浮体在斜向入射波浪条件下的水弹性响应。崔维成和宋皓[87]对其方法进行改进,将适用范围扩大。Kashiwagi[88]在时域内开展了相关研究,分析了超大浮体在不同情况下的瞬态响应。李辉[89]发展了一套适用行进过程中船舶与波浪荷载作用下的水弹性分析方法。王志军等[90-91]分别采用欧拉-伯努利(Euler-Bernoulli)梁模型和三维弹性势流理论研究了超大浮体在空气中的干模态和结构在流体中的水动力系数,计算了其在波浪作用下的水弹性响应。陈国建和杨建民[92-93]进行了国内首次超大浮体模型试验,同时满足几何、水动力和刚度相似准则。程勇[94]针对超大浮体的振动问题,提出了一套减震措施,研究了深水条件下弹性约束和锚链系泊的超大浮体水弹性问题。

1.3 存在主要问题

目前关于悬浮隧道的研究还比较碎片化、零散化,而且大多研究聚焦于结构的强度计算,关于其受到的水动力荷载分析研究较少。与此同时,由于结构尺寸较大,其存在对波浪场和流场有影响,而且在悬浮隧道的概念设计中,截面形状具有多样性,采用经验公式进行计算难免会造成计算不准确,采用数值计算方法可以尽可能地保证计算的准确性。悬浮隧道作为未来跨海工程的主要结构物,常年受到波浪、水流的往复作用,为了能够更好地掌握悬浮隧道在不同波浪、水流作用下的运动规律,分析不同水动力参数(波高、周期、波向、流速等)对悬浮隧道的作用机理和悬浮隧道运动响应的演绎规律,本书综合考虑计算精度及计算效率,基于不同的理论系统地建立了波浪、水流与悬浮隧道耦合作用的二维和三维计算模型。通过建立的二维模型,可以实现对悬浮隧道水动力特性的快速计算,得到不同截面形状的悬浮隧道在波浪、水流作用下的受力情况和运动响应,为悬浮隧道的截面选型提供依据;在建立的二维模型的基础上,通过建立的三维模型,分析全跨度悬浮隧道在波浪、水流作用下的整体受力情况和运动姿态,阐明悬浮隧道材料参数、锚链间距、淹没深度、浮重比等复杂因素对运动的影响机制。

1.4 本书研究内容

基于上述研究背景和存在的主要问题,为了分析悬浮隧道的水动力特性,掌握悬浮隧道在波浪、水流作用下的截面受力及运动响应,本书的工作重点从以下四方面展开。

1.4.1　构建波浪与悬浮隧道二维数学模型

基于势流理论,采用高阶边界元方法建立波浪与悬浮隧道二维数学模型,锚链部分基于细长杆理论,采用有限元方法进行计算,通过对导缆孔边界条件的匹配,并通过物理模型试验确定了悬浮隧道的黏性阻尼,建立了波浪-悬浮隧道-锚泊系统耦合作用的二维数学模型,开展了相关计算。计算不同周期、波高作用下悬浮隧道的运动响应和锚泊系统的张力,研究结构黏性阻尼、浮重比以及锚泊刚度对运动响应和锚泊系统张力的影响。随后改进锚链部分,并应用该数学模型,计算不同截面形式的双车道悬浮隧道在不规则波作用下的动力响应,并给出最优的截面形式建议。

1.4.2　构建水流与悬浮隧道二维数学模型

基于黏性流理论,建立水流-悬浮隧道-锚泊系统耦合作用的二维数学模型,其中湍流模型部分采用SST k-ω模型进行闭合,并采用该模型计算不同雷诺数下以及不同浮重比情况下悬浮隧道的运动响应,分析雷诺数和浮重比对悬浮隧道运动的影响和结构的受力,并对流场进行分析。

1.4.3　构建波浪与悬浮隧道三维数学模型

波浪力部分采用Morison公式,将悬浮隧道整体简化为欧拉-伯努利梁,建立波浪-悬浮隧道-锚泊系统三维数学模型,计算在不同波浪要素作用下,淹没深度、不同锚泊间距以及不同来浪方向对整体运动的影响。

1.4.4　构建水流与悬浮隧道三维数学模型

水流与悬浮隧道相互作用部分采用离散涡模型,将悬浮隧道整体简化为欧拉-伯努利梁,基于切片理论建立了水流-悬浮隧道三维数学模型,计算在不同流速下,在结构两端预张力不同的情况下,结构不同位置的受力和运动响应情况。

第2章

波浪与悬浮隧道二维时域模拟

本章主要介绍波浪与悬浮隧道的二维时域模型。该模型水动力部分基于势流理论，采用高阶边界元方法，锚链部分基于细长杆理论，采用有限元方法进行计算，通过对导缆孔边界条件的匹配得到波浪-悬浮隧道-锚链系统的耦合时域模型。希望通过该模型的建立实现波浪与悬浮隧道的快速计算，为截面选型提供数据支撑。

2.1 模型介绍

2.1.1 二阶势流理论

因为悬浮隧道长度远大于断面尺寸，这里建立二维坐标系来描述波浪与悬浮隧道的相互作用，如图 2-1 所示。一个是空间固定坐标系 Oxz，其坐标原点在静水面，x 为水平方向，z 为垂直方向。另一个是随体坐标系 $O'x'z'$。水深为 d，从水面到物体中心的淹没深度定义为 h，悬浮隧道三个方向的运动响应示意图同样如图 2-1 所示。

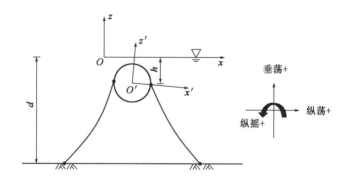

图 2-1　二维波浪与悬浮隧道计算坐标系

假设波浪为理想流体，在流场内存在一个速度势 ϕ 满足 Laplace 方程和相应的边界条件。速度势 ϕ、波面高度 η、水平运动 $\xi=(\xi_1,\xi_2)$ 以及转动 $\alpha=\xi_3$ 可以进行 Stokes 展开。此外，速度势和波面高度可以分解成入射部分和散射部分，通过下标 i 和 s 来分别表示：

$$\phi = \varepsilon(\phi_i^{(1)} + \phi_s^{(1)}) + \varepsilon^2(\phi_i^{(2)} + \phi_s^{(2)}) + \cdots \tag{2-1}$$

$$\eta = \varepsilon(\eta_i^{(1)} + \eta_s^{(1)}) + \varepsilon^2(\eta_i^{(2)} + \eta_s^{(2)}) + \cdots \tag{2-2}$$

$$\xi = \varepsilon\xi^{(1)} + \varepsilon^2\xi^{(2)} + \cdots \tag{2-3}$$

$$\alpha = \varepsilon\alpha^{(1)} + \varepsilon^2\alpha^{(2)} + \cdots \tag{2-4}$$

其中，ε 为小的摄动展开变量与波陡相关；上标(1)和(2)分别是波浪的一阶成分和二阶成分。对于 k 阶波浪问题，散射势在计算域内满足 Laplace 方程：

$$\nabla^2 \phi_s^{(k)} = 0 \tag{2-5}$$

同时,满足相应的海底边界条件、物面和水面边界条件:

$$\frac{\partial \phi_s^{(k)}}{\partial z} = 0 \tag{2-6}$$

$$\frac{\partial \phi_s^{(k)}}{\partial \mathbf{n}} = -\frac{\partial \phi_i^{(k)}}{\partial \mathbf{n}} + b^{(k)} \tag{2-7}$$

$$\frac{\partial \eta_s^{(k)}}{\partial t} = \frac{\partial \phi_s^{(k)}}{\partial z} + f_1^{(k)} \tag{2-8}$$

$$\frac{\partial \phi_s^{(k)}}{\partial t} = -g\eta_s^{(k)} + f_2^{(k)} \tag{2-9}$$

其中,$b^{(k)}$、$f_1^{(k)}$ 和 $f_2^{(k)}$ 为物面边界条件和水面边界条件的强迫项,其表达式分别如下:

$$b^{(1)} = \dot{\Xi}^{(1)} \cdot \boldsymbol{n} \tag{2-10}$$

$$b^{(2)} = \left(\dot{\Xi}^{(2)} - \Xi^{(1)} \cdot \nabla(\nabla \phi^{(1)})\right) \cdot \boldsymbol{n} + (\boldsymbol{\alpha}^{(1)} \times \boldsymbol{n}) \cdot \left(\dot{\Xi}^{(1)} - \nabla \phi^{(1)}\right) \tag{2-11}$$

$$f_1^{(1)} = 0 \tag{2-12}$$

$$f_1^{(2)} = \left(\frac{\partial \phi_i^{(2)}}{\partial z} - \frac{\partial \eta_i^{(2)}}{\partial t}\right) - \frac{\partial \phi^{(1)}}{\partial x}\frac{\partial \eta^{(1)}}{\partial x} + \eta^{(1)}\frac{\partial^2 \phi^{(1)}}{\partial z^2} \tag{2-13}$$

$$f_2^{(1)} = 0 \tag{2-14}$$

$$f_2^{(2)} = -\left(\frac{\partial \phi_i^{(2)}}{\partial t} + g\eta_i^{(2)}\right) - \frac{1}{2}|\nabla \phi^{(1)}|^2 - \eta^{(1)}\frac{\partial^2 \phi^{(1)}}{\partial z \partial t} \tag{2-15}$$

其中,n 为法向量,指出流体为正。为了简化书写,Ξ 表示平动变量和转动变量的广义变量:

$$\begin{cases} \Xi_1^{(k)} = \xi_1^{(k)} + \alpha^{(k)}(z - z_0) \\ \Xi_2^{(k)} = \xi_2^{(k)} - \alpha^{(k)}(x - x_0) \end{cases} \tag{2-16}$$

对散射势并选取格林函数,通过应用格林第二定理将边值问题转化为边界积分方程。

$$\alpha \phi_s^{(k)}(x_0) = \iint_s \left[\phi_s^{(k)}(x)\frac{\partial G(x,x_0)}{\partial n} - G(x,x_0)\frac{\partial \phi_s^{(k)}(x)}{\partial n}\right] \mathrm{d}s \tag{2-17}$$

格林函数的表达式如下:

$$G(x,x_0) = -\frac{1}{2\pi}(\ln R + \ln R_1) \tag{2-18}$$

$$\begin{cases} R = \sqrt{(x-x_0)^2 + (z-z_0)^2} \\ R_1 = \sqrt{(x-x_0)^2 + (z+z_0+2d)^2} \end{cases} \tag{2-19}$$

求解积分方程计算得到速度势后，物体上的波浪力通过对平均物体表面S_m积分计算得到。总的波浪力依托ε可分为以下几部分：

$$F = \varepsilon(F_D^{(1)} + F_S^{(1)}) + \varepsilon^2(F_D^{(2)} + F_S^{(2)} + F_I^{(2)}) \quad (2\text{-}20)$$

一阶项进一步分为：

$$F_D^{(1)} = -\rho \iint_{S_m} \frac{\partial \phi^{(1)}}{\partial t} n \mathrm{d}s \quad (2\text{-}21)$$

$$F_S^{(1)} = -\rho g L_{\mathrm{WP}}\left[\xi_2^{(1)} - \alpha(x_f - x_0)\right]k = 0 \quad (2\text{-}22)$$

其中，$F_D^{(1)}$为波浪激振力；$F_S^{(1)}$为恢复力；L_{WP}为物体与水面相接触所占水线长度，对于悬浮隧道为0。二阶项同样可以写为：

$$F_D^{(2)} = -\rho \iint_{S_m} \frac{\partial \phi^{(2)}}{\partial t} n \mathrm{d}s \quad (2\text{-}23)$$

$$F_S^{(2)} = -\rho g L_{\mathrm{WP}}\left[\xi_2^{(2)} - \alpha(x_f - x_0)\right]k = 0 \quad (2\text{-}24)$$

$$F_I^{(2)} = -\rho \int_{S_b} \left\{ n\left[\frac{1}{2}|\nabla \phi_w^{(1)}|^2 + \nabla \phi_t^{(1)} \cdot (\xi^{(1)} + \alpha^{(1)} \times (x - x_0))\right] \right\} \mathrm{d}l \quad (2\text{-}25)$$

其中，$F_D^{(2)}$为二阶波浪激振力；$F_S^{(2)}$为二阶恢复力；$F_I^{(2)}$为一阶速度势和一阶物体运动产生的二阶项。

2.1.2 锚泊系统的动态力

在模型建立中，采用细长杆理论（Garrent，1982）来模拟考虑线性拉伸和弯曲形为的系泊线。采用有限元方法求解该问题。假设锚链上没有扭矩和外部力矩，一个关于位置矢量$r(\mathrm{s,t})$的线性的动量方程可以表述如下：

$$F_{\mathrm{MI}} + q = \rho \ddot{r} \quad (2\text{-}26)$$

$$\lambda = T - EI\kappa^2 \quad (2\text{-}27)$$

其中，F_{MI}为内部力；q为单位长度的外部力；ρ是单位长度的质量；r为单位切向量；矢量r上的点"·"表示时间导数；EI是抗弯刚度；T是本地张力；κ为曲率。

标量函数λ也称为拉格朗日乘子。如果认为细长杆是可伸长的，并且伸长量是线性小量，则线弹性伸长条件为：

$$\frac{1}{2}(r' \cdot r' - 1) = \frac{T}{AE} \approx \frac{\lambda}{AE} \quad (2\text{-}28)$$

这些方程充分考虑了几何非线性，对直线的形状和方向没有特别的假设。式(2-26)直接在全局坐标系中定义，不需要对局部坐标系进行任何变换。式(2-26)和式(2-28)为锚链有限元分析的基本控制方程。

对于大多数海洋结构物而言，作用在系泊缆索上的外力主要来自周围环境流体的静水压力和水动态荷载和锚链的自重，因此q可以表达为：

$$q = w + F^s + F^d \tag{2-29}$$

其中，w 为空气中锚链单元长度所受重力；F^s 和 F^d 分别为单位长度上的静水压力和水动力荷载。静水压力可以写为：

$$F^s = B + (Pr')' \tag{2-30}$$

其中，B 为单位长度上的浮力；标量 P 为锚链上任意点 r 处的静水压力。水动力荷载由莫里森方程求得：

$$F^d = -C_A \ddot{r}^n + C_M \dot{V}^n + C_D |V^n - \dot{r}^n|(V^n - \dot{r}^n) = -C_A \ddot{r}^n + \bar{F}^d \tag{2-31}$$

其中，C_A 为单位长度附加质量；C_M 为单位长度单位法向量所受惯性力；C_D 为单位长度单位法向量所受拖曳力。V^n 和 $\dot{V}^n$ 为垂直于杆件中心线的法向流体速度和加速度。$\dot{r}^n$ 和 $\ddot{r}^n$ 分别为法向杆件速度和加速度分量。将式(2-26)、式(2-27)和式(2-28)、式(2-29)结合，可以得到锚链在自重、静水压力和水动力荷载作用下的运动方程：

$$\rho \ddot{r} + C_A \ddot{r}^n + (EIr'')'' - (\bar{\lambda} r')' = \bar{w} + \bar{F}^d \tag{2-32}$$

其中：

$$\bar{\lambda} = \lambda + P = T + P - EI\kappa^2 = \bar{T} - EI\kappa^2 \tag{2-33}$$

$$\bar{w} = w + B \tag{2-34}$$

$$\bar{T} = T + P \tag{2-35}$$

其中，$\bar{T}$ 为有效张力；$\bar{w}$ 为有效重力或者湿重。

2.1.3 耦合动力分析方法

通过匹配导缆孔处的边界条件，经过推导可以得到浮体的一阶和二阶耦合运动方程：

$$[M]\{\ddot{\xi}^{(1)}\} + [B]\{\dot{\xi}^{(1)}\} + [C]\{\xi^{(1)}\} = \{F_D^{(1)}\} + \{F_M^{(1)}\} \tag{2-36}$$

$$[M]\{\ddot{\xi}^{(2)}\} + [B]\{\dot{\xi}^{(2)}\} + [C]\{\xi^{(2)}\} = \{F_D^{(2)}\} + \{F_I^{(2)}\} + \{F_M^{(2)}\} \tag{2-37}$$

其中，$[M]$ 为刚体质量矩阵；$[B]$ 为黏性阻尼矩阵；$[C]$ 为恢复力矩阵；$F_M^{(k)}$ 为 k 阶锚链力。整个系统的耦合分析必须通过在导缆孔处施加适当的变价条件来实现。本书中，在系泊缆索与浮体的连接处采用铰接边界条件。第 l 根缆索的系泊点在随体坐标系中的坐标为 r_{cl}，转动中心在随体坐标系中的坐标为 r_0。在任意时刻，系泊点在空间固定坐标系下的坐标为 R_{cl}，其表达为：

$$R_{cl} = r_0 + \xi + T^t(r_{cl} - r_0) \tag{2-38}$$

其中，T 随体坐标系与空间固定坐标系之间的向量转换矩阵，且为正交矩阵，$T = T^{-1}$。T 的表达式为：

$$T = \begin{bmatrix} \cos\alpha & -\sin\alpha \\ \sin\alpha & \cos\alpha \end{bmatrix} \tag{2-39}$$

假定锚泊点在顶部，则锚泊点的张力为：

$$f_l = \lambda r' - (EIr'')' \tag{2-40}$$

如果浮体的系泊系统共含有 L 根系泊缆索,那么作用在浮体上的力是对每根系泊缆索在导缆孔位置作用到结构上的力求和,即:

$$F_M = \sum_{l=1}^{L} F_l = \sum_{l=1}^{L} -f_l \tag{2-41}$$

为了描述问题简洁方便,将浮体的耦合运动方程式(2-36)、式(2-37)写为下面的一般形式:

$$M\ddot{\xi}(t) + B\dot{\xi}(t) + C\xi(t) = F(t) + F_M(t) \tag{2-42}$$

其中,$F_M(t)$ 为锚链系统的作用力;$F(t)$ 为其他作用力之和。锚链动力方程如下:

$$\begin{bmatrix} \hat{M}_{ijlk} & 0 \\ 0 & 0 \end{bmatrix} \begin{Bmatrix} \ddot{U}_{jk} \\ \ddot{\bar{\lambda}}_n \end{Bmatrix} + \begin{bmatrix} K^1_{ijlk} & K^2_{nijlk} U_{jk} \\ A_{mkl} U_{jl} & -C_{mn} \end{bmatrix} \begin{Bmatrix} U_{jk} \\ \bar{\lambda}_n \end{Bmatrix} = \begin{Bmatrix} F_{il} \\ \bar{B}_m \end{Bmatrix} \tag{2-43}$$

其中:

$$\hat{M}_{ijlk} = M_{ijlk} + M^a_{ijlk}$$

$$M_{ijlk} = \int_0^L \rho A_l A_k \delta_{ij} \mathrm{d}s$$

$$M^a_{ijlk} = C_A \left[\int_0^L A_l A_k \delta_{ij} \mathrm{d}s - \left(\int_0^L A_l A_k A'_s A'_t \mathrm{d}s \right) U_u U_{js} \right]$$

$$K^1_{ijlk} = \int_0^L EI A''_l A''_k \delta_{ij} \mathrm{d}s$$

$$K^2_{nijlk} = \int_0^L P_n A'_l A'_k \delta_{ij} \mathrm{d}s$$

$$F_{il} = \int_0^L (\bar{w}_i + \bar{F}^d_i) A_l \mathrm{d}s$$

$$A_{mlk} = \frac{1}{2} \int_0^l P_m A'_k A'_l \mathrm{d}s$$

$$\bar{B}_m = \frac{1}{2} \int_0^L P_m \mathrm{d}s$$

$$C_{mn} = \frac{1}{AE} \int_0^L P_m P_n \mathrm{d}s$$

其中,δ_{ij} 为 Kronecker δ 函数,方程中不包含单元两端节点的内部合力(力矩),这是因为在单元方程组中,相邻单元的这些力会相互抵消;M_{ijlk} 为杆件总体质量矩阵;M^a_{ijlk} 为水动力产生的附加质量矩阵;K^1_{ijlk} 是弯曲刚度 EI 引起的总体刚度矩阵;K^2_{nijlk} 是杆件内部张力和曲率引起的总体刚度矩阵。对于二维问题,下标 $i,j=1,2$。

在耦合动态分析中,四阶 Adams-Bashforth-Moulton 法、Newmark-β 法以及 Newton-Raphson

迭代同时应用于对浮体的耦合运动方程和系泊立管系统的动力方程求解,具体的流程如图 2-2 所示。

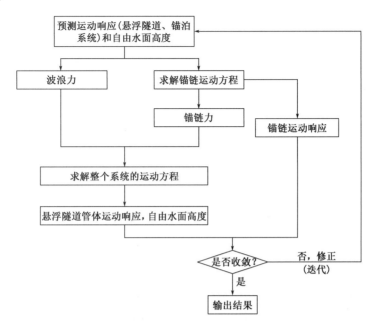

图 2-2　计算具体流程图

2.1.4　阻尼系数的推导

为了精确得到 SFT 的运动响应,在运动方程中必须考虑阻尼力,运动响应可以通过波浪水槽中的衰减试验得到:

$$\{[M_{ii}] + [a_{ii}]\} \cdot \{\ddot{\xi}_i\} + \{[B_{ii}] + [b_{ii}]\} \cdot \{\dot{\xi}_i\} + \{[K_{ii}] + [C_{ii}]\} \cdot \{\xi_i\} = 0 \quad (2\text{-}44)$$

其中,$[a_{ii}]$、$[b_{ii}]$ 和 $[K_{ii}]$ 分别是附加质量矩阵、辐射阻尼矩阵和刚度矩阵。
定义 $2\lambda_i = \dfrac{B_{ii} + b_{ii}}{M_{ii} + a_{ii}}$ 和 $\omega_i^2 = \dfrac{K_{ii} + C_{ii}}{M_{ii} + a_{ii}}$。
式(2-44)可以写为:

$$\{\ddot{\xi}_i\} + 2\lambda_i\{\dot{\xi}_i\} + \omega_i^2\{\xi\} = 0 \quad (2\text{-}45)$$

其解为:

$$\xi = \xi_{A0} e^{-\lambda_i t}\left[\cos\omega_i' t + \frac{\mu_i}{\omega_i'}\sin\omega_i' t\right] \quad (2\text{-}46)$$

其中,ξ_{A0} 是初始位移;$\lambda_i = \dfrac{B_{ii} + b_{ii}}{2(M_{ii} + a_{ii})}$ 是阻尼系数;$\omega_i' = \sqrt{\omega_i^2 - \lambda_i^2}$。考虑自振频率,$\mu_i = \lambda_i/\omega_i$ 是无量纲的阻尼系数。

通过衰减曲线,运动响应随着时间衰减;第 n 个运动响应的峰值定义为 ξ_{An}。因此,无因次的衰减系数的表达式为：

$$\mu_i = \frac{1}{\pi(N-1)} \sum_{n=2}^{N} \left(\ln \left| \frac{\xi_{iAn-1}}{\xi_{iAn}} \right| \right) \qquad (2\text{-}47)$$

获得黏性阻尼后，运动响应可以通过阻尼力进行修正，阻尼力其与运动响应方向相反。

当淹没圆柱位于深水时，自由表面波非常弱，辐射阻尼接近于0，附加质量在纵荡和垂荡方向趋于常数。因此，纵荡和垂荡方向的黏性阻尼是相同的。

2.2 单自由度衰减试验

2.2.1 试验装置和测量装置

物理模型试验在天津水运工程科学研究院（简称"天科院"）的实验室中进行，水槽长46m、宽0.5m、深1.2m。悬浮隧道单元由塑料和混凝土制作而成。悬浮隧道的制作单元如图2-3所示，有两根带有张紧器和弹簧的连接装置。水深d为0.70m，淹没深度h为0.30m，淹没圆柱外径D为0.16m，浮重比分别设置为1.20、1.35和1.50来保证锚链系统张紧。为了获得悬浮隧道的准确运动响应，模型参数制作误差控制在±2%以内。悬浮隧道的运动响应通过电磁运动采集系统得到。发射器固定在木头框架上，接收器位于模型顶部的中心，用于追踪刚体的六自由度运动。对于平动试验精度为±1mm，对于转动试验精度为±0.4°。所有采样数据的采样频率为120Hz。

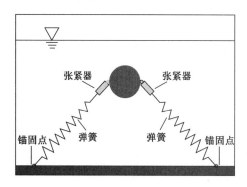
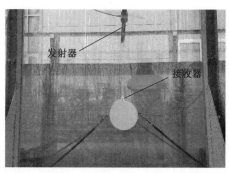

图2-3 衰减试验示意图

2.2.2 试验结果

对于张力腿式悬浮隧道开展衰减试验，获得其固有频率和黏性阻尼。结构被给定一个初始小幅度位移，随后释放依靠弹簧的刚度回到平衡位置。图2-4和图2-5展示了不同浮重比情况下悬浮隧道纵荡和垂荡方向的衰减试验时间历程（简称"时程"）曲线。

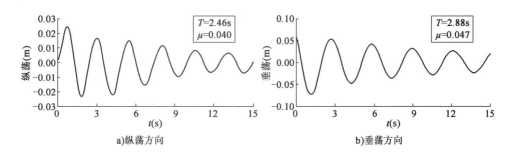

图 2-4　浮重比 1.20 时悬浮隧道衰减试验时程曲线

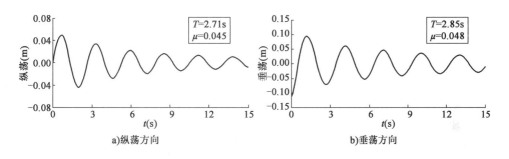

图 2-5　浮重比 1.35 时悬浮隧道衰减试验时程曲线

表 2-1 展示了淹没圆柱在不同运动方向的自振频率、无量纲的衰减系数以及阻尼系数。

淹没圆柱自振频率、衰减系数以及阻尼系数　　　　表 2-1

浮重比	方向	固有频率 ω(rad/s)	衰减系数 μ	阻尼系数 λ
1.20	纵荡	2.55	0.040	0.102
	垂荡	2.18	0.047	0.103
	纵摇	12.083	0.085	1.027
1.35	纵荡	2.32	0.045	0.104
	垂荡	2.20	0.048	0.105
	纵摇	13.37	0.081	1.083
1.50	纵荡	2.80	0.038	0.106
	垂荡	2.24	0.047	0.105
	纵摇	14.96	0.078	1.167

从表 2-1 中可以看出，衰减系数在纵荡和垂荡方向几乎相同，这说明阻尼仅与形状和水中的质量有关。对于淹没圆柱，阻尼系数接近 0.10，随后应用于数值模拟中。

通过衰减试验获得的阻尼为总阻尼,包括辐射阻尼和流体黏性阻尼。辐射阻尼可以通过波浪的绕射定理得到,黏性阻尼通过总阻尼减去辐射阻尼得到。对于水中的悬浮隧道,辐射阻尼可以不予考虑。

2.3 模型验证

将现有数学模型与其他学者(Ogilvie[97]、Vada[98])的计算结果进行对比。本书计算了一个水平固定圆柱受到的绕射波浪力。水深 d 为 0.85m,淹没深度 h 为 0.102m,圆柱直径为 r 为 0.051m。学者们分析了波浪力随着Keulegan-Carpenter(KC)数的变化,其表达式为:

$$KC = \frac{\pi H}{2r}\exp(kh) = \frac{\pi A}{r}\exp(kh)$$

其中,H 为波高;A 为波幅;k 为波数。在目前的研究中,KC 数随着波浪力的变化体现在波幅的变化,从 0.006m 到 0.024m,波浪周期为 1.0s。一阶和二阶波浪力的对比如图 2-6 所示。一阶、二阶结果与之前的势流理论结果较为吻合,证明了绕射波浪力计算的准确性。

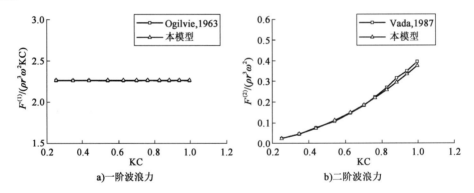

图 2-6 水平圆柱受到的一阶、二阶波浪力

为了更好地验证数学模型,对一个双色波作用下的系泊漂浮方箱开展计算。方箱宽度 b 为 2.0m,吃水 T 为 0.5m。水深 1.0m,约束弹簧的水平刚度 $k_x/\rho gh=0.05$。一系列双色波的波浪频率相同($\omega_1=2.424$rad/s,$\omega_2=2.140$rad/s),波幅不同,选为入射波。系统简图如图 2-7 所示。

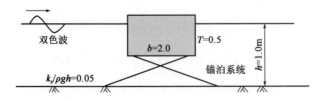

图 2-7 双色波与带有锚泊系统漂浮方箱相互作用示意图

由波浪差频引起的二阶无量纲化纵荡运动如图2-8所示。与之前的研究成果（Agnon等[99]；Ohyama和Hsu[100]）进行对比，结果表明，计算结果与解析结果以及非线性数值计算结果吻合较好。

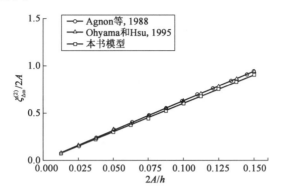

图2-8 二阶纵荡运动结果对比

结合两个模型验证例子，并考虑到悬浮隧道的运动幅值很小，当前的数学模型非常适合本书的研究工作。

2.4 带有锚泊系统悬浮隧道的动态响应

张力腿式悬浮隧道由淹没结构和张力腿组成。下面分析浮重比及锚链刚度对运动响应的影响。针对张力腿式悬浮隧道，除了垂直方向的锚链，倾斜的锚链也需要用来限制结构水平方向的位移。为此建立上述的耦合模型，图2-9为数学模型的示意图。

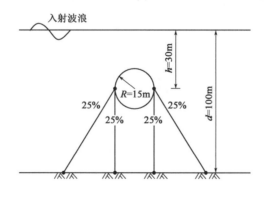

图2-9 悬浮隧道数学模型示意图

2.4.1 悬浮隧道浮重比对运动响应的影响

在进行带有锚泊系统的悬浮隧道设计时，必须计算出恰当的浮重比以平衡安全水平与悬浮隧道的经济性。当浮重比较大时，系统较轻，这样节省建设成本，但是锚泊系统预张力较大,安全性较差;当浮重比较小时,因为悬浮隧道总长通常较长,则系统总体质量较大,导致建设成本较高。

在数值计算中,结构的质心和转动中心均位于悬浮隧道中心−30m处。当悬浮隧道的外形尺寸固定时,其浮力则保持不变,此时计算不同浮重比(BWR=1.20/1.35/1.50)条件下每延米悬浮隧道截面的基本参数,具体参数见表2-2。

每延米悬浮隧道基本参数　　　　　表2-2

浮力(N/m)		7.0916×10⁶		
质量(kg/m)		0.6026×10⁶	0.5356×10⁶	0.4821×10⁶
浮重比		1.20	1.35	1.50
阻尼 [N/(m/s)]	纵荡	0.2704×10⁶	0.2627×10⁶	0.2569×10⁶
	垂荡	0.2719×10⁶	0.2664×10⁶	0.2533×10⁶
	纵摇	0.3064×10⁹	0.3067×10⁹	0.3164×10⁹

锚泊系统由四根独立锚链组成,承受相同的垂直预张力。其锚泊系统的参数见表2-3。

计算中锚链系统性质　　　　　表2-3

锚链间距(m)		100
系泊长度(m)		100(倾斜)/70(垂直)
直径(mm)		816
厚度(mm)		40
干重(kg/m)		769
湿重(kg/m)		665
刚度EA(N)		1.950×10¹⁰
完全刚度EI(N·m²)		8.120×10⁸
惯性力系数(kg/m)		1330
阻力系数(kg/m)		501
预张力(N)	浮重比=1.20	4.217×10⁷/2.959×10⁷(倾斜锚链/垂直锚链)
	浮重比=1.35	6.561×10⁷/4.596×10⁷(倾斜锚链/垂直锚链)
	浮重比=1.50	8.436×10⁷/5.910×10⁷(倾斜锚链/垂直锚链)

波浪波幅1.2m,波浪频率从0.3rad/s到1.7rad/s。算例较多,这里仅展示部分工况。一种工况是悬浮隧道与低频波浪相互作用;另一种工况是悬浮隧道与相对高频波浪相互作用。在计算中,为了分析黏性阻尼对悬浮隧道运动响应的影响,将有无黏性阻尼的运动响应时程曲线进行对比。图2-10~图2-12为在波浪频率0.4rad/s、浮重比1.20情况

下结构的一阶、二阶运动响应和每根锚链的张力。从计算结果可以看出,在有无阻尼的情况下,运动响应结果差别不大,在有阻尼情况下的运动响应略小于无阻尼情况。对运动响应时程曲线进行傅里叶变换得到的幅值谱进行对比,如图2-13和图2-14所示,可以发现同样的规律。因为波浪频率较低,一阶和二阶波浪频率均远离悬浮隧道的固有频率,此时悬浮隧道运动仅受波浪影响,考虑黏性阻尼影响的计算结果小于不考虑黏性阻尼影响。

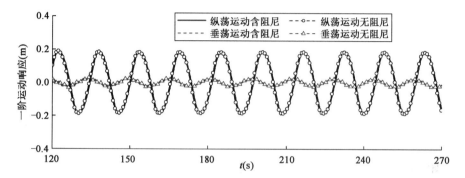

图 2-10 张力腿式悬浮隧道一阶运动时程曲线(ω=0.4rad/s,BWR=1.20)

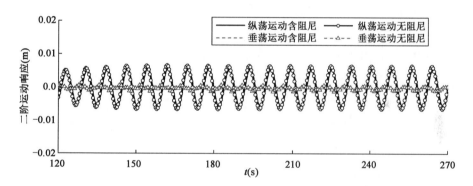

图 2-11 张力腿式悬浮隧道二阶运动时程曲线(ω=0.4rad/s,BWR=1.20)

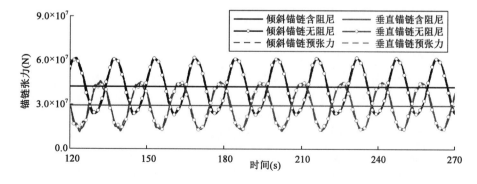

图 2-12 张力腿式悬浮隧道锚链张力时程曲线(ω=0.4rad/s,BWR=1.20)

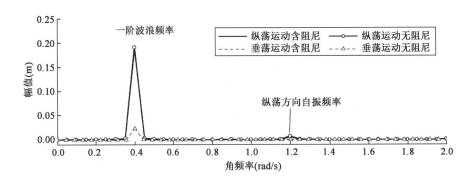

图2-13　张力腿式悬浮隧道一阶运动幅值谱（$\omega=0.4\text{rad/s}$，BWR=1.20）

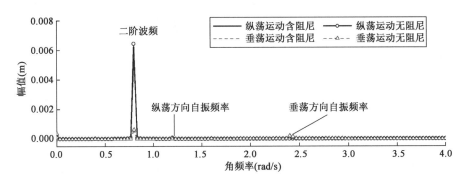

图2-14　张力腿式悬浮隧道二阶运动幅值谱（$\omega=0.4\text{rad/s}$，BWR=1.20）

图2-15~图2-17是在浮重比1.50、角频率$\omega=1.20\text{rad/s}$情况下的一阶、二阶运动响应及张力腿的张力，从计算结果可以看出，在有无阻尼的情况下，运动响应结果差别较大，幅值和相位都有较大区别，我们对时程曲线进行傅里叶变换后进行详细分析，如图2-18和图2-19所示。从图中可以看出，在考虑黏性阻尼的情况下，悬浮隧道的运动主要受波浪影响；而在不考虑黏性阻尼的情况下，由于高频波浪的一阶和二阶频率相对低频波浪都更加接近结构的固有频率，运动除了受到波浪影响外，还受到结构的固有频率影响，说明黏性阻尼的存在削弱了高频波浪在结构固有频率处引起的共振现象。

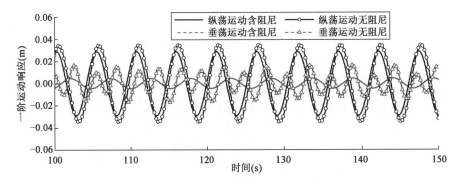

图2-15　张力腿式悬浮隧道一阶运动时程曲线（$\omega=1.2\text{rad/s}$，BWR=1.50）

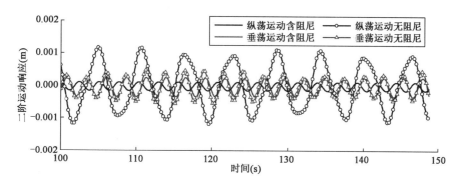

图 2-16　张力腿式悬浮隧道二阶运动时程曲线（$\omega=1.2\text{rad/s}$，BWR=1.50）

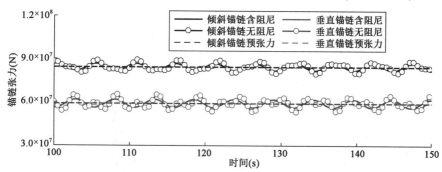

图 2-17　张力腿式悬浮隧道锚链张力时程曲线（$\omega=1.2\text{rad/s}$，BWR=1.50）

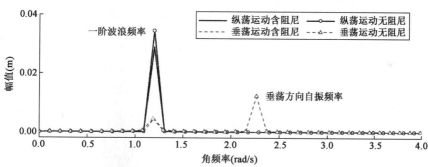

图 2-18　张力腿式悬浮隧道一阶运动幅值谱（$\omega=1.2\text{rad/s}$，BWR=1.50）

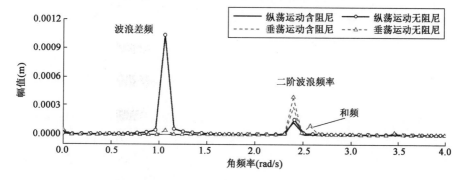

图 2-19　张力腿式悬浮隧道二阶运动幅值谱（$\omega=1.2\text{rad/s}$，BWR=1.50）

因为悬浮隧道由倾斜和垂直锚链组成,其水平刚度小于垂直刚度,因此悬浮隧道的水平位移通常大于垂直位移。由于存在二阶平均漂移力,在二阶运动响应中存在一个小的平均偏移。平均漂移值占水平运动幅度的比例相对较小,但占垂直方向运动幅度的比例较大。图 2-20 和图 2-21 显示了不同浮重比和不同波频率下 SFT 的一阶和二阶结果。一阶结果是振幅,二阶结果包括振幅和平均漂移值,这进一步反映了分析结果。尽管浮重比对 SFT 的运动响应影响不大,但它对系泊系统的张力影响较大,如图 2-22 和图 2-23 所示。不同的浮重比表明在系泊系统中存在不同的预张力。较大的浮重比需要较大的锚索张力来稳定 SFT。在系泊系统中,一旦某一根锚索的性能发生变化,对其整体受力影响很大。因此,对于 SFT 型张力腿,建议采用较小的浮重比。

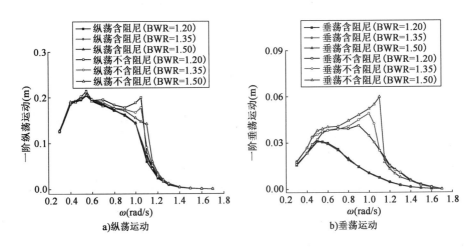

图 2-20 不同浮重比下一阶运动对比

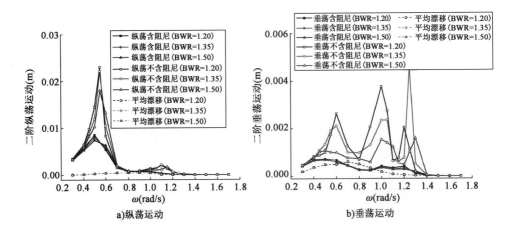

图 2-21 不同浮重比下二阶运动对比

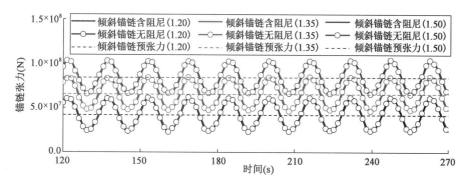

图2-22　不同浮重比情况下倾斜锚链张力时程曲线（$\omega=0.4$rad/s）

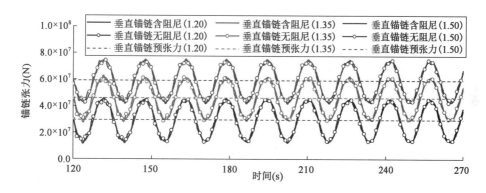

图2-23　不同浮重比情况下垂直锚链张力时程曲线（$\omega=0.4$rad/s）

2.4.2　锚泊刚度对运动响应的影响

前一节研究了浮重比对SFT运动响应的影响,本节研究相同条件下系泊刚度对运动响应的影响。为了减小运动响应,适当的刚度分布是关键。本书比较了三种刚度分布,见表2-4。"锚链组合A":倾斜锚链的刚度(刚度1)大于垂直锚链的刚度(刚度2)。"锚链组合B":倾斜锚链的刚度(刚度2)小于垂直锚链的刚度(刚度1)。"锚链组合C":倾斜锚链的刚度(刚度2)与垂直锚链的刚度相同。在计算中,所有SFT参数与前一示例相同,淹没深度为30.0m,浮重比为1.20。系泊系统特性不同,见表2-5。

计算中刚度分布　　　表2-4

类别	锚链组合A	锚链组合B	锚链组合C	预张力（N）
斜向锚链	刚度1	刚度2	刚度2	4.217×10^7
垂直锚链	刚度2	刚度1	刚度2	2.959×10^7

锚链参数　　　表2-5

项目	刚度1	刚度2
直径(mm)	1016	816
厚度(mm)	40	40

续上表

项目	刚度1	刚度2
干重(kg/m)	1192	769
湿重(kg/m)	1031	665
刚度 EA(N)	2.527×10^{10}	1.950×10^{10}
弯曲刚度 EI(N·m²)	3.013×10^{9}	8.120×10^{8}
惯性力系数(kg/m)	2061	1330
阻力系数(kg/m)	623.6	501.0

图2-24~图2-27显示了当入射波频率为0.5rad/s时，三种系泊条件在纵荡和垂荡方向的一阶和二阶运动响应比较结果。可以看出，当锚链刚度增大时，平台的一阶和二阶位移均减小。倾斜锚链刚度的增加主要是减小了纵荡位移；垂荡位移也减小了。垂直锚链刚度的增加主要是减小垂荡位移；纵荡振位移也减小了。从数据分析可以看出，增加倾斜锚链刚度的效果优于增加垂直锚链刚度的效果。图2-28和图2-29显示了不同系泊系统在包含纵荡运动和垂荡运动的不同波浪频率下的一阶和二阶运动响应。二阶运动结果表明，系泊刚度的增加对平均漂移值有显著影响，其趋势与运动幅度的分析结果相同(图2-29)。综上所述，当张力腿型悬浮隧道的倾斜锚链和垂直锚链的刚度不同时，建议倾斜锚链的刚度大于垂直锚链的刚度。

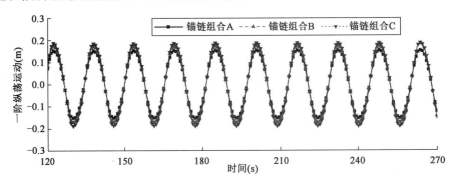

图2-24 张力腿式悬浮隧道一阶纵荡运动对比(ω=0.5rad/s，BWR=1.20)

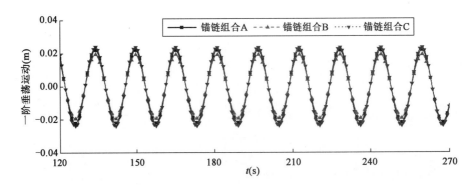

图2-25 张力腿式悬浮隧道一阶垂荡运动对比(ω=0.5rad/s，BWR=1.20)

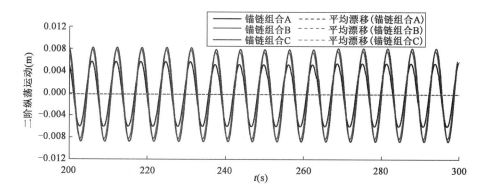

图 2-26　张力腿式悬浮隧道二阶纵荡运动对比（$\omega=0.5\mathrm{rad/s}$，BWR=1.20）

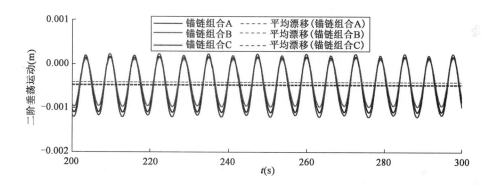

图 2-27　张力腿式悬浮隧道二阶垂荡运动对比（$\omega=0.5\mathrm{rad/s}$，BWR=1.20）

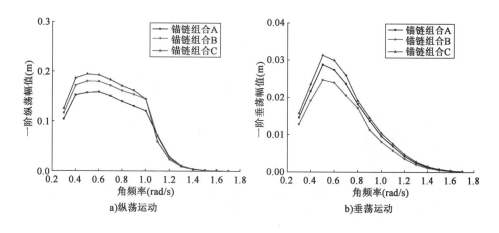

a）纵荡运动　　　　　　　　　　　　b）垂荡运动

图 2-28　不同锚链刚度情况下的一阶运动结果

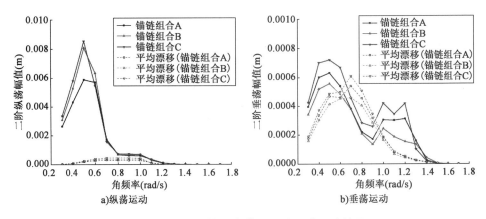

图 2-29 不同锚链刚度情况下的二阶运动结果

2.5 双车道截面悬浮隧道的动态响应

现阶段针对悬浮隧道的研究,大多简化为圆形截面情况进行研究,而结合实际工程,悬浮隧道至少需要双车道来满足通行需求。为此,其他截面形状的悬浮隧道的动力响应特征则亟须研究。本节针对类似双车道的椭圆、双圆以及耳形的截面形状在时域内开展数值模拟研究。对于锚链部分,充分考虑其受到的水动力荷载,并对整体运动方程进行动态耦合。研究其在不规则波作用下的运动响应和锚链受力情况,对数据进行详细的统计分析,计算过程中结合物理模型试验得到的不同形状结构在流体中各方向的阻尼系数,尽可能真实地反映其动力特性,为未来双车道截面形式的悬浮隧道工程截面选择提供数据支撑。

2.5.1 阻尼系数物理模型试验

为尽可能保证计算结果的准确性,本书开展了一系列物理模型试验,来确定不同形状截面在各个方向的阻尼系数。图2-30展示了不同截面形状悬浮隧道自由衰减试验布置图。图2-31~图2-33分别为双圆截面、椭圆截面、耳形截面的自由衰减时程曲线。

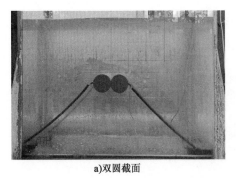

a)双圆截面　　　　　　　　b)椭圆截面

图 2-30

c) 耳形截面

图 2-30 双车道试验布置图

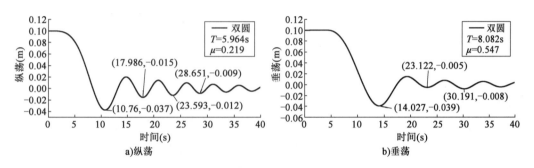

a) 纵荡   b) 垂荡

图 2-31 双圆截面自由衰减时程曲线

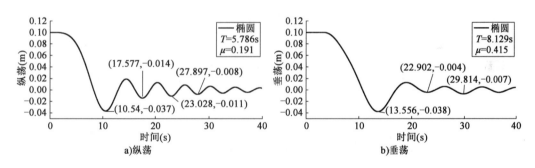

a) 纵荡   b) 垂荡

图 2-32 椭圆截面自由衰减时程曲线

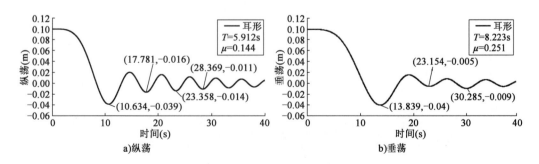

a) 纵荡   b) 垂荡

图 2-33 耳形截面自由衰减时程曲线

由上述自由衰减曲线,通过测量分析得到各个截面、各个方向的阻尼系数,见表2-6。

不同形状截面自振频率和衰减系数　　　　　表2-6

截面形状	方向	自振周期T(s)	自振频率ω(rad/s)	衰减系数μ	阻尼系数λ
双圆	纵荡	5.964	1.054	0.219	0.231
	垂荡	8.082	0.777	0.547	0.425
椭圆	纵荡	5.786	1.086	0.191	0.207
	垂荡	8.129	0.773	0.415	0.321
耳形	纵荡	5.912	1.063	0.144	0.153
	垂荡	8.223	0.764	0.251	0.192

从表2-6可以看出,不同截面形状的衰减系数不一样,而且纵荡和垂荡方向的衰减系数也不一样,这说明阻尼与截面形状有关。

2.5.2 参数介绍

张力腿式悬浮隧道由淹没隧道结构和张力腿系统组成,在实际的悬浮隧道结构设计中,为了符合双车道的设计理念,选择合适的双车道悬浮隧道是至关重要的。本书通过对比三种截面形状的悬浮隧道的运动响应及锚链受力情况,深入探究不同截面形式双车道悬浮隧道的水动力特性。各个截面悬浮隧道管体的淹没深度、迎浪宽度、浮重比和锚泊预张力相同,其他具体参数如图2-34所示。本书中双圆截面由两个圆形截面的管道相互固接,上下由梁固定,张力腿连接梁的中间点和海底;与双圆截面不同的是,耳形截面两侧是直径为30m的半圆,上下由直墙连接,表2-7展示了每米悬浮隧道的详细参数。针对张力腿式悬浮隧道,设置了4根对称布置的倾斜锚链,用来限制结构水平方向和竖直方向的位移,锚泊系统具体参数见表2-8。

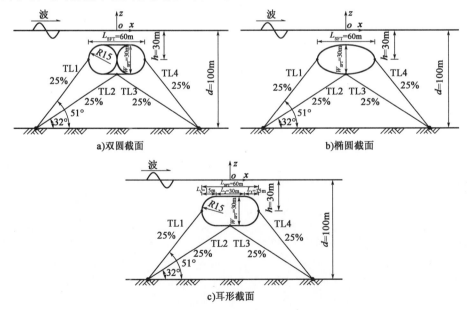

图2-34　三种截面形式悬浮隧道数学模型示意图

每米悬浮隧道管体的基本参数　　　　　　　　　　表 2-7

项目		参数
浮力（N/m）		1.418×10^7
质量（kg/m）		1.206×10^6
浮重比		1.200
淹没深度（m）		30
迎浪宽度（m）		60
阻尼[N/(m/s)]	纵荡	0.2494×10^6
	垂荡	0.3868×10^6
	纵摇	0.6307×10^9

张力腿系泊系统参数　　　　　　　　　　表 2-8

项目	参数
张力腿间距（m）	100
长度（m）	90（TL1 和 TL4）/102.6（TL2 和 TL3）
角度（°）	51（TL1 和 TL4）/32（TL2 和 TL3）
外径（mm）	816
壁厚（mm）	40
干重（kg/m）	769
湿重（kg/m）	665
刚度（N）	1.950×10^{10}
弯曲刚度（N·m²）	8.120×10^8
惯性力系数（kg/m）	1330
阻力系数（kg/m）	501
预张力（N）	7.596×10^7（TL1 和 TL4）/1.102×10^8（TL2 和 TL3）

2.5.3 不规则波作用下三种截面形式运动响应分析

在实际海洋环境中，波浪由许多振幅不同、频率不同且相位杂乱的余弦波组成，波浪序列的随机性较强。本书采用 JONSWAP 谱模拟一系列不规则波与三种截面形式悬浮隧道相互作用，各组不规则波的有效波高均为 4m，有效周期范围为 6~14s，间隔为 2s。

为了分析悬浮隧道运动响应规律，图 2-35 和图 2-36 分别展示了不同截面形式悬浮隧道在谱峰周期 $T_{1/3}$=6s 时，结构纵荡和垂荡方上的位移历时曲线和小波变换时频分析结果。图 2-37 和图 2-38 为不同截面形式悬浮隧道在谱峰周期 $T_{1/3}$=12s 时，结构纵荡和垂荡方上的位移时程曲线和小波变换时频分析结果。从位移历时曲线可以看出，水平位移通常小于垂直位移，原因是悬浮隧道系泊系统由倾斜的 4 根张力腿锚固，系统提供的水平刚度大于垂直方向刚度，使得水平方向运动较小。对比总位移、一阶位移和二阶位移结果,发现总位移主要由一阶位移引起,二阶位移对总位移的影响较小,说明二阶平均漂移力对这种悬浮隧道结构设计影响较小。

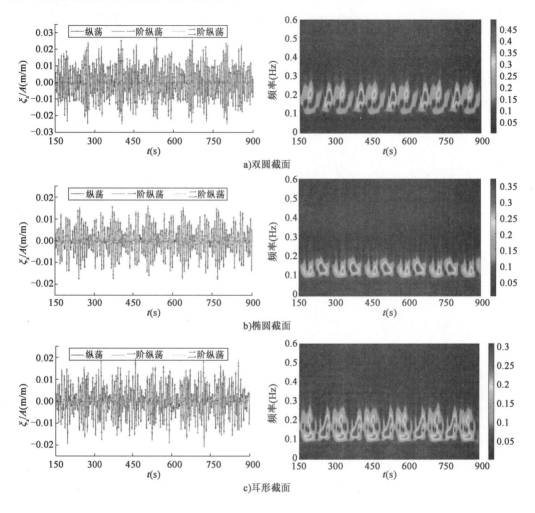

图 2-35　纵荡方向位移时程曲线和小波变换时频分析(周期6s)

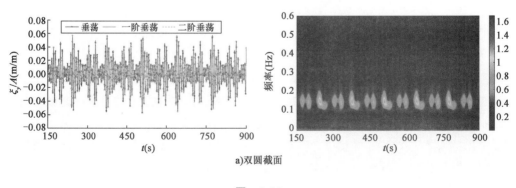

图 2-36

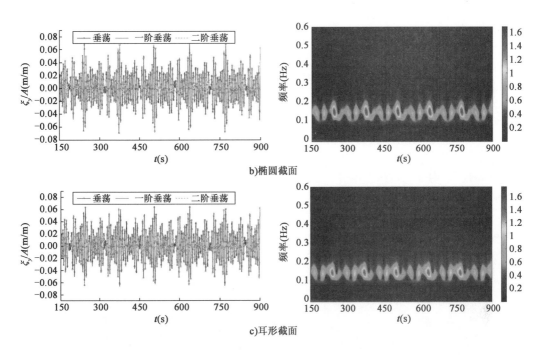

图2-36 垂荡方向位移时程曲线和小波变换时频分析（周期6s）

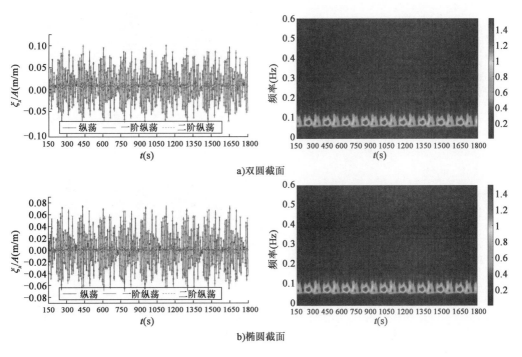

图 2-37

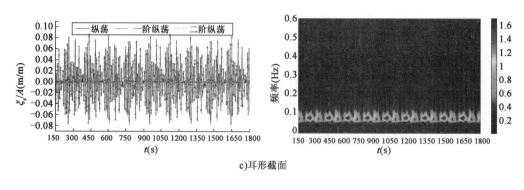

c) 耳形截面

图 2-37　纵荡方向位移时程曲线和小波变换时频分析（周期 12s）

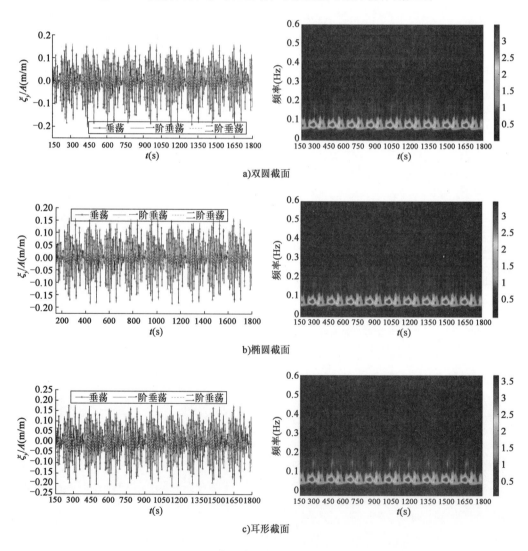

a) 双圆截面

b) 椭圆截面

c) 耳形截面

图 2-38　垂荡方向位移时程曲线和小波变换时频分析（周期 12s）

由小波变换图分析得知，对于同样的入射波浪的能量谱，当谱峰周期较短时，运动响应能量较宽；而当谱峰周期较长时，运动响应能量较窄，同时由于此时悬浮隧道的入射波浪周期与结构在水平和垂直方向固有周期相对接近，其小波变化结构呈现双峰谱的特征。

谱峰周期越长，纵荡、垂荡位移能量峰值越大，观察长波作用下的悬浮隧道，此时管体结构主要受到低频波浪作用。波浪谱峰周期 $T_{1/3}$=6s 时，双圆、椭圆、耳形截面纵荡方向上固有周期分别为 5.964s、5.786s 和 5.912s，双圆、椭圆、耳形截面垂荡方向上固有周期分别为 8.082s、8.129s 和 8.223s。因此，此时的波频更加靠近纵荡方向的固有周期，表现在短波时，三个截面形状在频率 f=0.1~0.25Hz 区间，呈现随时间随机变化的双峰能量谱，说明波浪序列的非线性规律，也说明结构受到波浪和自振频率的共同影响。建议在设计悬浮隧道结构时，避免目标海况主频率与结构自振频率相近，以免发生共振现象。

随后对各截面的纵荡位移进行傅里叶变换，得到不同有效周期下的三维效果图，如图 2-39 所示，结果表明，在短周期（$T_{1/3}$=6s、$T_{1/3}$=8s）不规则波作用下，纵荡位移谱呈现双峰谱，对应的频率分别为波浪频率和纵荡方向的固有频率，说明隧道管体在短周期波浪的作用下，在波浪频率和结构固有频率处都有较明显的运动特性；随着波浪有效周期的增加（$T_{1/3}$=10s、$T_{1/3}$=12s、$T_{1/3}$=14s），纵荡位移谱呈现波浪作用的单峰谱现象，说明在长波作用时，悬浮隧道结构主要受到波频的影响。垂荡的结果如图 2-40 所示，可以发现悬浮隧道管体在垂荡方向呈现单峰谱现象，说明垂荡方向主要受到波频运动影响，然而在结构固有频率处也有小的峰值，不过相对波频运动量值很小。

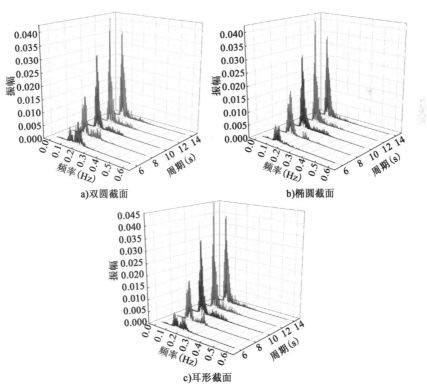

图 2-39　纵荡方向不同截面各周期傅里叶变换分析

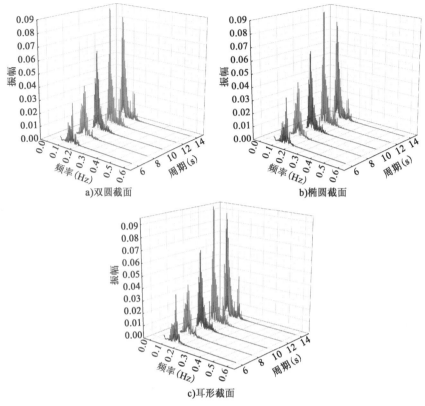

图2-40 垂荡方向不同截面各周期傅里叶变换分析

图2-41为三种截面形式悬浮隧道的运动响应统计分析,图中上标1/3表明变量为该方向运动响应的有效值,上标max表示运动响应的最大值,统计方法类似波高的统计方法。通过统计发现,耳形截面悬浮隧道在各周期不规则波作用下,其有效值和最大值均最大,且随着周期的增大,与其他形式截面运动量的差距也越来越大,而椭圆和双圆截面形式差别不大,椭圆形相对运动量最小,因此表明椭圆形截面在不规则波浪作用下展现出较小的运动响应,特别是在长周期波浪作用下也有较好的稳定性。

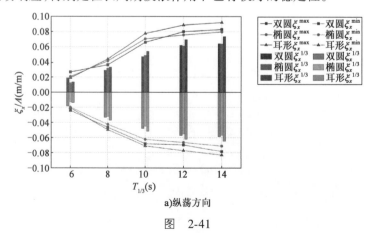

a)纵荡方向

图 2-41

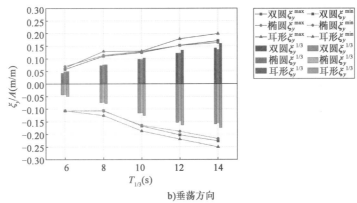

b) 垂荡方向

图2-41 不同截面形式位移结果统计分析

进一步分析位移统计结果,对比分析纵荡和垂荡正向最大值与负向最大值,以及正向有效值和负向有效值,见表2-9。根据表2-9,在纵荡情况下,正向位移往往要大于负向位移(比值大于1),即在波浪二阶力的作用下,悬浮隧道截面在纵荡方向多沿着波浪传播方向运动,但是由于二阶分量较小,两个方向运动量差别不大;纵荡时,最大值的比值大于有效值比值,说明悬浮隧道运动最大值数据较有效值更加离散。在垂荡情况下,正向位移往往要小于负向位移(比值小于1),即在二阶Stokes波作用下,二阶set down项明显,悬浮隧道截面在波浪作用下呈现向下运动趋势。纵摇方向略小于1,说明悬浮隧道结构略向迎浪侧转动。

各断面运动响应偏移量对比　　表2-9

截面	纵荡位移		垂荡位移		纵摇位移	
	max(+)/max(−)	sig.(+)/sig.(−)	max(+)/max(−)	sig.(+)/sig.(−)	max(+)/max(−)	sig.(+)/sig.(−)
双圆	1.015	1.009	0.769	0.902	0.994	0.981
椭圆	1.083	1.029	0.811	0.914	0.982	0.974
耳形	1.030	1.028	0.788	0.914	0.976	0.973

随后分析正向和负向最大值与有效值的比值,如图2-42和图2-43所示,整体看,各方向运动的离散程度随着波浪有效周期的增大而逐渐变小,说明在长周期波浪作用下各断面形式的悬浮隧道运动量较为平稳。通过三种断面的离散程度对比可以看出,椭圆截面各个方向运动量离散程度均较小,说明椭圆形悬浮隧道截面在不规则波作用下各方向运动相对最为平稳。

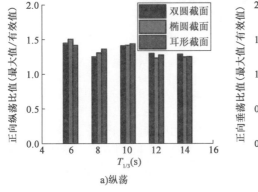
a) 纵荡

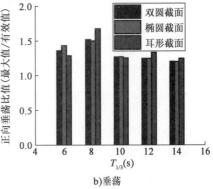
b) 垂荡

图 2-42

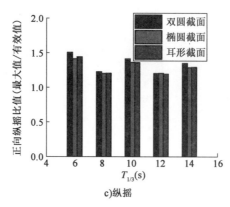

图 2-42 不同波周期下不同截面形式正向位移最大值与有效值对比

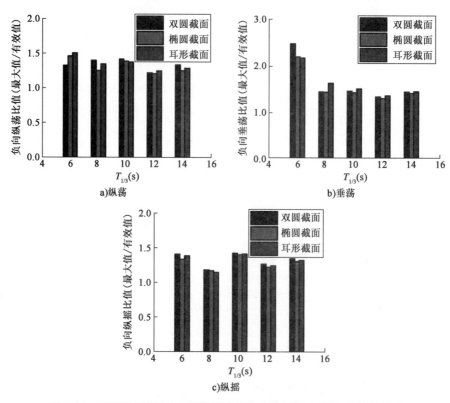

图 2-43 不同波周期下不同截面形式负向位移最大值与有效值对比

2.5.4 不规则波作用下三种截面形式系泊张力分析

图 2-44 展示了不规则波作用下双圆截面系泊张力历时曲线。可以看出各个截面的锚链张力历时曲线均呈现不规则现象,而且 2、3 号张力腿张力要比 1、4 号张力腿张力大,且围绕各自的预张力上下波动。图 2-45 为波浪有效周期为 10s 时的不同截面悬浮隧道的系泊张力历时曲线,通过对比时程曲线可以发现,长波作用时的张力幅度要大于短波作用时的。

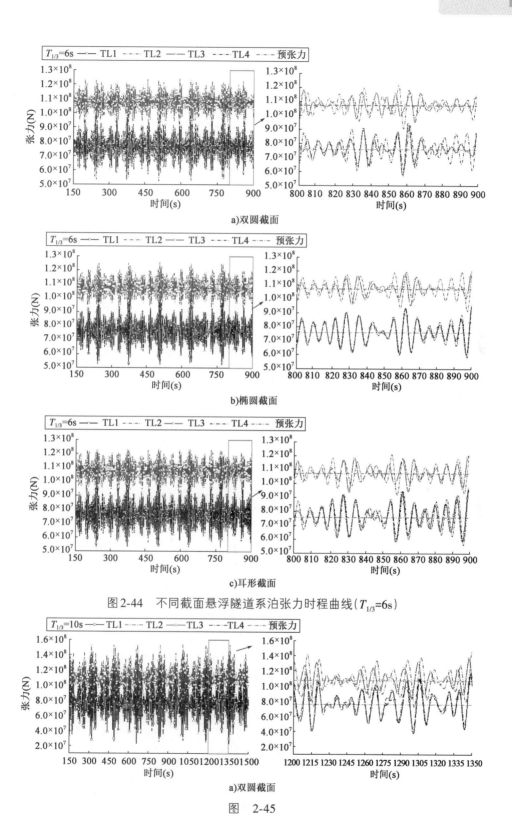

图2-44 不同截面悬浮隧道系泊张力时程曲线（$T_{1/3}=6s$）

图 2-45

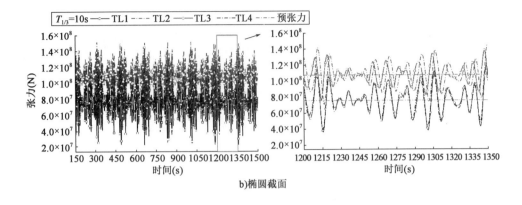

b) 椭圆截面

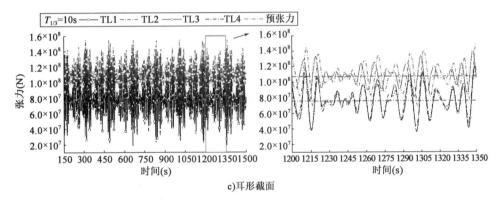

c) 耳形截面

图 2-45　不同截面悬浮隧道系泊张力时程曲线（$T_{1/3}=10s$）

图 2-46 是对不同截面、不同周期悬浮隧道张力统计分析,通过统计发现,随着波周期的增大,系泊张力的均方根和最大值也随之增大。在长波作用时,由于悬浮隧道运动时有二阶非线性运动,迎浪侧张力腿受力要大于背浪侧张力腿受力。对比四根系泊锚链 TL1 到 TL4 发现,TL2 和 TL3 的受力要大于 TL1 和 TL4,其原因是 TL2 和 TL3 的倾角较大,当与 TL1 和 TL4 提供相同的竖向预张力时,还要提供更大的水平刚度。因此建议悬浮隧道张力腿系泊要根据实际海况常波向适度增加迎浪侧张力腿刚度,锚链倾斜角度越大,其刚度也需要越大。对比不同截面形式悬浮隧道各个锚链张力最大值和均方根的比值,如图 2-47 所示,通过对比发现,最大值与有效值的比值同样随着波浪周期的增大而增大,通过对比发现迎浪侧锚链张力的比值大于背浪侧锚链张力的比值,证明迎浪侧锚链承受更大的受力变化。通过对比三种截面形式发现椭圆截面的张力比值最小,进一步证明了椭圆截面在不规则波浪作用下运动更为稳定。

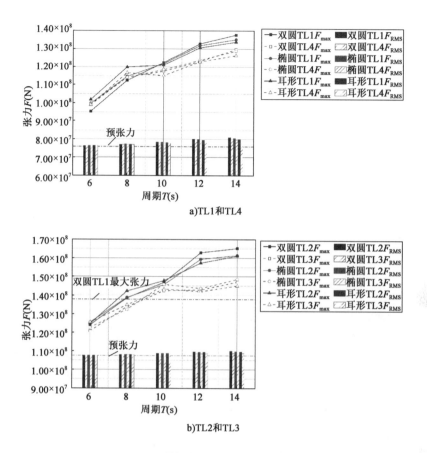

图2-46 不同截面悬浮隧道系泊张力统计分析

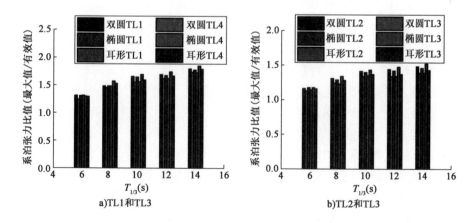

图2-47 不同截面形式悬浮隧道各个锚链张力最大值和均方根的比值

2.6 本章小结

为了充分考虑自由表面波对悬浮隧道的影响，本章将基于势流理论的高阶边界元用于在时域内模拟波浪荷载。对于动态锚泊系统，开发了基于细长杆理论的有限元方法。通过在连接点施加适当的边界条件，将结构的运动方程和系泊缆系统的动力学方程结合起来。在耦合动力分析中，采用Newmark-β方法同时求解船体运动方程和系泊缆动力学方程。为了得到更准确的计算结果，进行了衰减物理模型试验，计算了水下淹没圆柱的黏性阻尼系数，并将其应用于数值模拟中。

应用耦合分析程序，对不同浮重比和不同系泊刚度分布的张力腿式悬浮隧道在不同波浪频率下的一阶和二阶运动响应进行了模拟。分析了黏性阻尼对结构运动响应的影响，发现黏性阻尼大大削弱了结构固有频率处的共振效应，在计算中不可忽略。另外，二阶运动的比例随波频的增加而增加，在垂荡运动中平均偏移量的影响大于纵荡运动。

浮重比对悬浮隧道的运动响应影响不大，但对系泊系统的张力影响较大。张力腿型悬浮隧道建议采用较小的浮重比。在研究系泊刚度对运动响应的影响时，增加倾斜锚链刚度的效果优于增加垂直锚链刚度的效果；建议倾斜锚链的刚度大于垂直锚链的刚度。

对于双车道截面悬浮隧道在不规则波作用下的动力响应和锚链张力进行分析，在短周期不规则波作用下，纵荡位移谱呈现双峰谱，对应的频率分别为波浪频率和纵荡方向的固有频率，说明隧道管体在短周期波浪的作用下，在波浪频率和结构固有频率处都有较明显的运动特性；随着波浪有效周期增加，纵荡位移谱呈现波浪作用的单峰谱现象，悬浮隧道结构主要受到波频运动的影响。垂荡的结果表明悬浮隧道管体在垂荡方向呈现单峰谱现象，说明垂荡方向主要受到波频运动影响，然而在结构固有频率处也有小的峰值，不过相对波频运动量值很小，对比耳形截面、椭圆截面和双圆截面三种截面形式，椭圆截面在不规则波浪作用下展现出较小的运动响应，特别是在长周期波浪作用下也有较好的稳定性。

进一步分析，悬浮隧道管体截面在波浪二阶力的作用下悬浮隧道截面在纵荡方向多沿着波浪传播方向运动，但是由于二阶分量较小，两个方向运动量差别不大；在垂荡情况下，正向位移往往要小于负向位移，即在二阶Stokes波作用下，二阶set down项明显；纵摇方向悬浮隧道结构略向迎浪侧转动。

通过对不同截面、不同周期悬浮隧道张力统计分析发现，随着波周期的增大，系泊张力的均方根和最大值也随之增大。在长波作用时，由于悬浮隧道运动时有二阶非线性运动，迎浪侧张力腿受力要大于背浪侧张力腿受力。同时建议悬浮隧道张力腿系泊要根据实际海况常波向适度增加迎浪侧张力腿刚度，锚链倾斜角度越大，其刚度也需要越大，迎浪侧锚链承受更大的受力变化。通过对比三种截面形式的结果发现，椭圆形截面的张力比值最小，证明了椭圆形截面在不规则波浪作用下运动更为稳定。

第3章

水流与悬浮隧道
二维时域模型

对于水下悬浮隧道，由于结构本身的规模较大，流速相对较快，结构周围的流动通常为紊流。目前，湍流的模拟可以用直接数值模拟（DNS）来近似，也可以用合适的湍流模型来近似，本书采用湍流模型来模拟。同时，由于当悬浮隧道结构的截面尺寸远大于截面尺寸时，可以近似地模拟为二维流固耦合问题。众所周知，大雷诺数下的流动实际会有较为明显的三维效应，然而若进行三维数值模拟则需要耗费大量的计算资源。因此，本章采用二维数学模型。二维数值模型虽然会对数值结果造成过高的预测，但仍然可以揭示约化速度、振幅和受力系数之间的关系。许多其他研究人员也采用二维数学模型来解决类似问题，证明此方法可行。

3.1 控制方程和湍流模型

3.1.1 控制方程

采用二维不可压缩雷诺平均 Navier-Stokes 方程描述不可压缩黏性流体的湍流流动。任意拉格朗日-欧拉（ALE）框架中的控制方程可以写成：

$$\frac{\partial u_i}{\partial x} = 0 \tag{3-1}$$

$$\frac{\partial u_i}{\partial t} + (u_j - u_j^m)\frac{\partial u_i}{\partial x_j} = -\frac{1}{\rho}\frac{\partial p}{\partial x_i} + \frac{\partial}{\partial x_j}[2\upsilon S_{ij} - \overline{u_i'u_j'}] \tag{3-2}$$

其中，$x_1=x, x_2=y$ 分别为水平坐标和垂直坐标；u_i 为中的流体速度席的方向；t 是时间；u_j^m 是在 x_j 方向移动网格的速度；p 是压力；ρ 是流体密度；υ 是流体的运动黏度；S_{ij} 是平均应变速率张量 $S_{ij} = \left(\frac{\partial u_i}{\partial u_j} + \frac{\partial u_j}{\partial u_i}\right)/2$。这个右端 Navier-Stokes 方程可以写为：

$$\overline{u_i'u_j'} = \upsilon_t\left(\frac{\partial u_i}{\partial x_j} + \frac{\partial u_j}{\partial x_i}\right) + \frac{2}{3}k\delta_{ij} \tag{3-3}$$

其中，υ_t 是湍流涡黏性；k 是湍流动能；δ_{ij} 为 Kronecker 算符。

为了封闭控制方程，采用了剪切应力传输（SST）k-ω 湍流模型。该方程中的参数已被广泛接受并成功应用，在模拟具有明显逆压梯度的边界层流动时表现出良好的性能。SST k-ω 湍流模型的控制方程可以写成：

$$\frac{\partial k}{\partial t} + (u_j - u_j^m)\frac{\partial k}{\partial x_j} = \frac{\partial}{\partial x_j}\left[(\upsilon + \sigma_k\upsilon_t)\frac{\partial k}{\partial x_j}\right] + P_k - \beta^*\omega k \tag{3-4}$$

$$\frac{\partial \omega}{\partial t} + (u_j - u_j^m)\frac{\partial \omega}{\partial x_j} = \frac{\partial}{\partial x_j}\left[(\upsilon + \sigma_\omega\upsilon_t)\frac{\partial \omega}{\partial x_j}\right] + \alpha S^2 - \beta\omega^2 + 2(1 - F_1)\sigma_{\omega 2}\frac{1}{\omega}\frac{\partial k}{\partial x_j}\frac{\partial \omega}{\partial x_j} \tag{3-5}$$

其中，P_k 是紊流产生的动能。式(3-4)和式(3-5)中的相关参数计算如下：

$$\upsilon_t = \frac{\alpha_1 k}{\max(\alpha_1\omega, \Omega F_2)} \tag{3-6}$$

$$P_k = \min\left[\upsilon_t\frac{\partial u_j}{\partial x_i}\left(\frac{\partial u_j}{\partial x_i} + \frac{\partial u_i}{\partial x_j}\right), 10\beta^* k\omega\right] \tag{3-7}$$

$$F_1 = \tanh\left\{\left\{\min\left[\max\left(\frac{\sqrt{k}}{\beta^* \omega y^*}, \frac{500\upsilon}{y^{*2}\omega}\right), \frac{4\rho\sigma_{\omega 2}k}{D_{k\omega}y^{*2}}\right]\right\}^4\right\} \qquad (3\text{-}8)$$

其中,Ω是涡度的绝对值;y^*是到最近固体壁的距离,参数F_2和$D_{k\omega}$的计算公式如下:

$$D_{k\omega} = \max\left(2\sigma_{\omega 2}\rho\frac{1}{\omega}\frac{\partial k}{\partial x_j}\frac{\partial \omega}{\partial x_j}, 10^{-10}\right) \qquad (3\text{-}9)$$

$$F_2 = \tanh\left\{\left[\max\left(\frac{2\sqrt{k}}{\beta^* \omega y^*}, \frac{500\upsilon}{y^{*2}\omega}\right)\right]^2\right\} \qquad (3\text{-}10)$$

通过使用混合函数F_1,可以计算以下参数,即:

$$\sigma_k = F_1\sigma_{k1} + (1-F_1)\sigma_{k2}; \sigma_\omega = F_1\sigma_{\omega 1} + (1-F_1)\sigma_{\omega 2} \qquad (3\text{-}11)$$

$$\alpha = F_1\alpha_1 + (1-F_1)\alpha_2; \beta = F_1\beta_1 + (1-F_1)\beta_2 \qquad (3\text{-}12)$$

表3-1列出了SST k-ω模型中的模型常数。

SST k-ω湍流模型参数　　　　　　　　　　表3-1

参数	β^*	α_1	β_1	σ_{k1}	$\sigma_{\omega 1}$	α_2	β_2	σ_{k2}	$\sigma_{\omega 2}$
数值	0.09	5/9	3/40	0.85	0.5	0.44	0.0828	1.0	0.856

当得到流场和压力场时,作用在结构上的流体力可以通过表面压力和物体表面的黏性剪切力的积分得到。无因次阻力系数C_D和升力系数C_L分别为:

$$C_D = -\int_0^{2\pi} p\cos\theta\,\mathrm{d}\theta - \frac{1}{\mathrm{Re}}\int_0^{2\pi}\left(\frac{\partial v}{\partial x} - \frac{\partial u}{\partial y}\right)\sin\theta\,\mathrm{d}\theta \qquad (3\text{-}13)$$

$$C_L = -\int_0^{2\pi} p\sin\theta\,\mathrm{d}\theta + \frac{1}{\mathrm{Re}}\int_0^{2\pi}\left(\frac{\partial v}{\partial x} - \frac{\partial u}{\partial y}\right)\sin\theta\,\mathrm{d}\theta \qquad (3\text{-}14)$$

3.1.2 悬浮隧道的运动响应

对于流体作用下的悬浮隧道振动问题,由于需要保证锚索始终处于弹性范围内,因此可以将整个系统简化为质量阻尼-弹簧系统。本书只考虑了悬浮隧道在横流方向上的振动响应,其运动方程可表示为:

$$m\ddot{y} + c\dot{y} + ky = F_y \qquad (3\text{-}15)$$

其中,m、c和k分别是悬浮隧道的质量、阻尼和刚度;F_y是悬浮隧道在横流方向上的流体力,由流动方程确定。

利用结构动力学的关系,$c/m = 4\pi\xi f_n$,$k/m = (2\pi f_n)^2$,悬浮隧道的质量与悬浮隧道排出的水的质量之比定义如下:

$$\ddot{y} + 4\pi\xi f_n\dot{y} + (2\pi f_n)^2 y = \frac{4F_y}{\pi\rho D^2 m^*} \qquad (3\text{-}16)$$

其中,ξ为结构的阻尼比;f_n为固有频率;m^*为质量比。

可以进一步定义以下无量纲关系:

$$\ddot{Y} = \frac{\ddot{y}D}{U^2}, \dot{Y} = \frac{\dot{y}}{U}, Y = \frac{y}{D}, F_n = \frac{f_n D}{U} \tag{3-17}$$

同时，根据升力系数的定义，$F_y = 0.5\rho U^2 D C_L$，式(3-16)可以无量纲化为：

$$\ddot{Y} + 4\pi\xi F_n \dot{Y} + (2\pi F_n)^2 Y = \frac{2C_L}{\pi m^*} \tag{3-18}$$

通过引入约化速度$U_r = U/f_n D$的定义，悬浮隧道的运动方程也可以表示为约化速度形式的无量纲方程：

$$\ddot{Y} + \frac{4\pi\xi}{U_r}\dot{Y} + \left(\frac{2\pi}{U_r}\right)^2 Y = \frac{2C_L}{\pi m^*} \tag{3-19}$$

前面已经给出了上述公式右端的升力系数，可以用上述公式计算悬浮隧道的动力响应。

3.2 计算模型及边界条件

计算模型和边界条件如图3-1所示。坐标原点位于圆柱体的初始中心，无量纲圆柱体直径$D=1$。入口设置无量纲速度$u=1, v=0$。边墙采用对称边界条件$\partial u/\partial y=0, v=0$。出口流速边界条件为$\partial u_i/\partial t + c\partial u_i/\partial x_i = 0$，其中$c$为局部平均流速。应用于圆柱表面的防滑边界条件$u=dx/dt, v=dy/dt$。在计算中，为了保证第一层网格位于黏性边界层中，圆柱表面与第一层网格之间的距离应小于$0.05\%D$。此外，边界层的选择可采用Palm等[101]的方法。在计算中，出口压力$p=0$，其他边界条件采用压力边界条件$\partial p/\partial n=0$，n为指向流场的单位法向量。在初始时刻，流场中的速度和压力为0，即初始速度场满足连续方程。

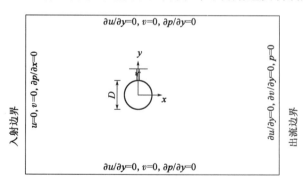

图3-1 计算模型和边界条件的示意图

3.3 数值离散与网格更新

本书采用upwind/petrov-galerkin有限元法求解对流扩散方程，并成功地应用于强流问题的求解。动量方程的时间积分采用分布法。首先忽略压力项，考虑对流和扩散的中间速度项;然后求解压力方程计算下一时刻的压力;最后考虑压力梯度项对流场进行修正。采用流线迎风法进行速度预报。采用Newmark-β法求解结构的运动方程。给定初始时刻的位移、速度和加速度,选取时间步长Δt、参数β和γ,形成等效刚度。求出$t+\Delta t$时的有效荷载和位移。对于时间推进,根据Courant-Friedrichs-Lewy(CFL)条件,采用以下动态时间步:

$$\Delta t = C_s \min\left(\frac{\sqrt{S_c}}{|u_e|}\right) \quad (3-20)$$

其中,S_c为网格面积;u_e为网格中心处的流速;min为计算域内的最小值;C_s为安全系数,$C_s=0.2$。考虑到流体作用下SFT的往复运动,采用基于ALE的动态网格法对流体-结构耦合问题进行数值模拟。本书假设计算域中的网格为弹性网格,如图3-2所示,以达到适应网格边界节点和内部节点运动的目的。通过求解线性弹性动力学的控制方程,可以得到网格的运动和变形。网格更新方法使网格节点的位移更加均匀,提高了数值计算的稳定性。此外,通过控制计算单元的弹性模量,可以降低网格变形的可能性。具体来说,网格的平衡长度等于初始时刻网格本身的长度。当关节的两端相对移动时,网格将相应地被拉伸或压缩。网格仍然满足胡克定律,因此任何节点i的总力向量为:

$$F_i = \sum_{j=1}^{v_i} \alpha_{ij}(\delta_j - \delta_i) \quad (3-21)$$

其中,F_i为节点i上的总力矢量;α_{ij}为节点间的网格刚度;v_i为节点i上连接的节点数;$j=[i,v]$;δ_i和δ_j为节点i和j的位移矢量。为了避免网格节点的碰撞,通常采用以下表达式来计算网格刚度:

$$\alpha_{ij} = \frac{1}{\sqrt{(x_j - x_i)^2 + (y_j - y_i)^2}} \quad (3-22)$$

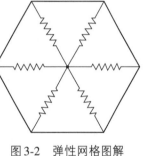

图3-2 弹性网格图解

其中,x_i、x_j是节点i和j的位置向量,即α的值被认为是边长的倒数。这种网格更新方法也被广泛应用于涡激振动(Vortex-Induced Vibration,VIV)研究。

3.4 模型验证

为了得到可靠的数值结果,本书首先以Re=30000和U_r=6.00的自由振动圆柱问题为例,验证了数值模型的网格收敛性。表3-2中考虑了四种不同的网格。从表3-2可以看出,四种网格下的数值结果非常接近,说明数值结果在当前网格密度下已经收敛。考虑到计算效率,后者数值计算以网格3(图3-3)为基准。在表中,Y_{max}表示圆柱的最大振幅,D表示圆柱表面与第一层网格之间的最小距离,C_D^M为圆柱的平均拖曳力系数,C_L^{RMS}为升力系数的均方根。

不同网格的数值结果比较　　　　　　　　　表3-2

网格类别	边界份数（份）	单元数（个）	节点数（个）	最小距离 D	Y_{max}/D	C_D^M	C_L^{RMS}	f_n
网格1	80	18200	18490	0.0045	0.7166	1.295	0.148	0.173
网格2	120	21900	22300	0.0045	0.7284	1.325	0.187	0.172
网格3	160	25600	25970	0.0040	0.7292	1.332	0.214	0.172
网格4	200	29300	29710	0.0038	0.7293	1.335	0.224	0.172

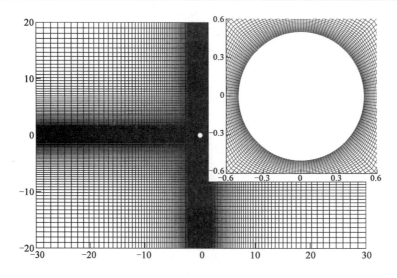

图3-3　模型验证中网格3的示意图

为了进一步验证本书数值模型的可靠性,首先对均匀流与固定圆柱的耦合分析进行验证。圆柱外径 $D=1.0$,雷诺数 $Re=10000$。将平均阻力系数 C_D^M、升力系数 C_L^A 振幅的计算结果与试验结果进行比较,Gopalkrishnan[102]、Dong 和 Karmiadakis[103]、Zhao 等[104]、宋吉宁[105]和本书的数值结果见表3-3。

固定圆柱的计算结果比较　　　　　　　　　表3-3

参数	Gopalkrishnan	Dong 和 Karmiadakis	Zhao 等	宋吉宁	本书模型
C_D^M	1.186	1.143	1.078	1.288	1.262
C_L^A	0.384	0.448	0.667	0.638	0.668
S_t	0.193	0.203	0.211	0.166	0.202

从表3-3的比较中可以看出,与其他学者的结果相比,本书模型的 C_D^M、C_L^A 和 S_t 几乎一致,证明了数值模型在高雷诺数情况下的准确性。固定圆柱绕流问题实际上只是一个单边水动力计算问题。它不涉及圆柱本身的运动响应计算,因此不是一个真正的流固耦合问题。弹性支承圆柱在流动作用下的振动涉及流固耦合问题。已有许多关于弹性支承刚性圆柱

在流动作用下的VIV试验结果,如Khalak和Williamson对其进行了系统的试验研究。为了便于与试验结果进行比较,使用了与Khalak和Williamson试验中相同的计算参数。本书计算了雷诺数Re=12000,质量比m^*=2.4,质量阻尼比$m^*\xi$=0.013,以及最大无量纲振幅随减速的变化。

从图3-4的比较结果可以看出,最大无量纲振幅接近1,"锁定"区域在U_r=4.0~10.0。此外,在数值模型中还可以清楚地描述上、下分支。因此,数值模型中的结果与Khalak和Williamson的试验结果非常吻合。本书所建立的模型可用于研究高雷诺数下的流固耦合问题。

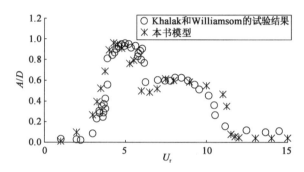

图3-4 带弹簧和阻尼约束下的圆柱的计算结果比较

3.5 算例分析

3.5.1 不同雷诺数下SFT运动分析

在此基础上,计算了不同约束刚度和不同雷诺数下悬浮隧道的运动。雷诺数的计算范围是1000~100000。首先,介绍了雷诺数Re=50000、质量比m^*=2.5、阻尼ξ=0.007和约化速度U_r=2.0、5.0和12.0条件下横流方向的时程曲线,如图3-5所示。然后,在升力系数时程中使用快速傅里叶变换,结果如图3-6所示。

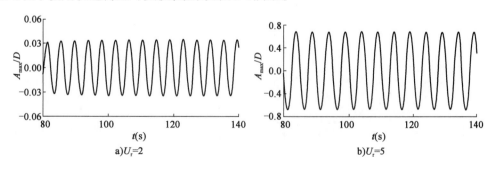

图 3-5

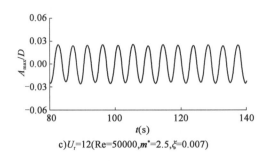

图 3-5　不同约化速度下的悬浮隧道运动时程曲线

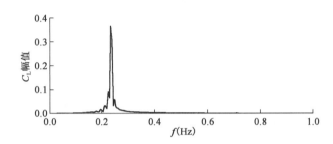

图 3-6　约化速度 $U_r=2.0$($Re=50000,m^*=2.5,\xi=0.007$)时悬浮隧道升力系数的傅里叶变换

由图 3-5 可知,当约化速度为 2.0 和 12.0 时,悬浮隧道横流方向的振幅较小,约化速度为 5.0 时,振幅较大。随后,在较大和较小振幅的情况下分析流场,如图 3-7 和图 3-8 所示。

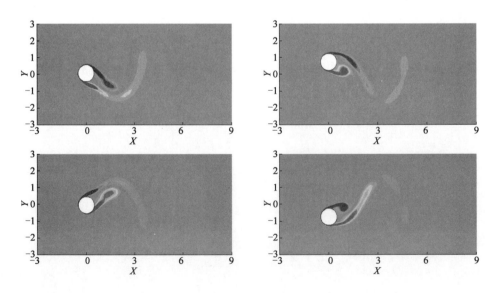

图 3-7　悬浮隧道一个周期内的振动模态和尾涡脱落模态($U_r=5.0,Re=50000,m^*=2.5,\xi=0.007$)

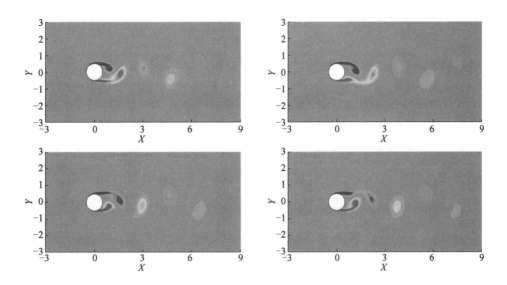

图3-8 悬浮隧道一个周期内的振动模态和尾涡脱落模态($U_r=2.0$,Re=50000,$m^*=2.5$,$\xi=0.007$)

从图3-6可以看出,涡流脱落频率约为0.23Hz。根据$U_r=U/f_nD$的定义,在这种情况下,悬浮隧道的固有频率(f_n)为0.5Hz、0.2Hz和分别为0.083Hz。由此可以看出,当悬浮隧道的约化速度为2.0和12.0时,其涡脱落频率与固有频率相差甚远,涡激振动不明显。尾迹模式如图3-8所示,尾迹形状在一个振动周期内也是规则的。但是,当通过调整弹簧刚度使约化速度为5.0时,旋涡脱落频率接近固有频率。在流动升力的作用下,悬浮隧道中出现了较大的VIV现象。振幅较大,甚至达到悬浮隧道外径的0.7倍,其尾迹模式如图3-7所示。可见尾迹分离后有一条长长的"尾巴",尾迹形状不规则。接下来,我们比较了在这个雷诺数下,流动和悬浮隧道的耦合效应与不同的约化速度,统计得到了悬浮隧道的最大无量纲振幅,如图3-9所示。

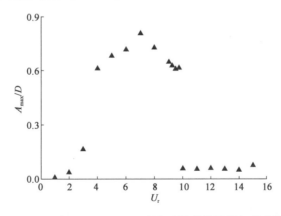

图3-9 Re=50000,$m^*=2.5$,$\xi=0.007$时悬浮隧道的振幅与约化速度的关系

计算结果表明,当约化速度为4.0~10.0时,结构在水流作用下处于"锁定"状态,而在其他约化速度时,结构的振动幅值较小。然后比较了不同雷诺数下悬浮隧道的VIV,

计算结果如图3-10所示。从不同雷诺数下悬浮隧道的VIV结果可以看出,雷诺数不仅对振动幅值有很大的影响,而且对锁定区也有很大的影响。一般来说,雷诺数越低,振幅越大,超出"锁定"区域。"锁定"区域的最小振幅约为0.4D,而"锁定"区域的最大振幅可达到0.8D。图3-10还可以看出,较大的雷诺数导致狭窄的"锁定"区域。因此,当悬浮隧道的尺寸较小或入口流速较低时,由于较低的雷诺数,悬浮隧道更容易发生VIV"锁定"现象。

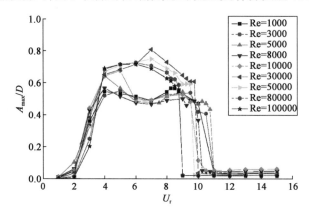

图3-10　不同雷诺数下SFT的振幅与约化速度的关系

图3-11是不同雷诺数下SFT上的力系数与约化速度的关系。结果表明,约化速度对平均拖曳力系数和升力系数的均方根值影响较大。当雷诺数较小时,SFT的平均拖曳力系数和升力系数均方根值在1000和10000之间,数值较大。随着雷诺数的增加,平均阻力系数和升力系数的均方根值变小。因此,当悬浮隧道尺寸较小或较小流速作用于结构物时,力系数较大;当悬浮隧道尺寸较大或流速较快时,结构物的平均拖曳力系数和升力系数较小。

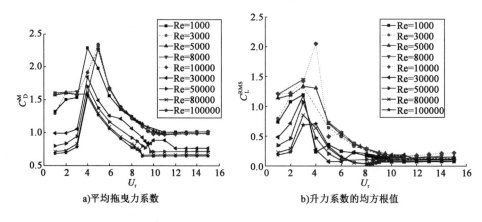

a)平均拖曳力系数　　　　　　　b)升力系数的均方根值

图3-11　不同雷诺数下SFT上的力系数与约化速度的关系

3.5.2　不同质量比下SFT运动分析

进一步应用上述数学模型开展张力腿式悬浮隧道的计算,分析其运动响应和受力系数。基于张力腿式悬浮隧道雷诺数较高、质量比较小的特征,设计算例与Khalak

和 Williamson 的研究相同,只是质量比为 $m^*=0.7$。为了更明显地对比,将质量比 $m^*=2.4$ 与其进行比对。在高质量比工况下,通过物理模型试验和数值计算均可发现结构的振幅很小,此时对应的拖曳力和升力系数也很小。原因是此时并没有"锁定"现象的发生。对于低质量比的情况,受力系数和振幅需要进一步探究。图 3-12~图 3-14 为两种质量比下三个约化速度下拖曳力的时程曲线,图 3-15~图 3-17 为两种质量比下三个约化速度下升力的时程曲线。通过对比可以发现,质量比对受力系数影响很大,特别是对高约化速度工况。通过统计分析我们得到不同质量比受力系数随着约化速度的变化结果,如图 3-18 和图 3-19 所示。从拖曳力的对比发现,低质量比的悬浮隧道拖曳力系数大于高质量比情况;从升力的对比发现,在高质量比情况下,随着约化速度的增大,升力先增大后减小,随后趋于稳定;在低质量比情况下,随着约化速度的增大,升力先增大后减小,随后又增大并趋于稳定,而且结果远大于高质量比情况。

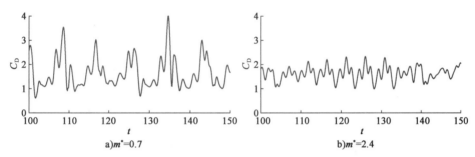

图 3-12 约化速度 $U_r=2$ 时拖曳力时程曲线对比(Re=12000、$\xi=0.0054$)

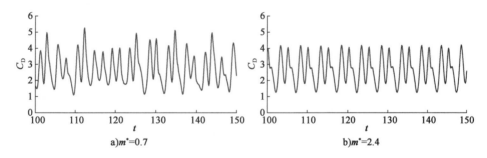

图 3-13 约化速度 $U_r=5$ 时拖曳力时程曲线对比(Re=12000、$\xi=0.0054$)

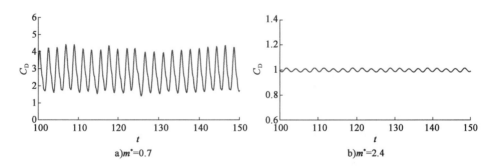

图 3-14 约化速度 $U_r=12$ 时拖曳力时程曲线对比(Re=12000、$\xi=0.0054$)

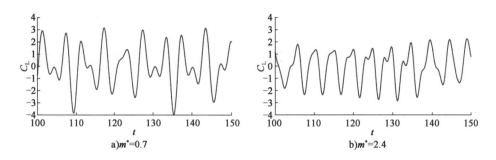

图3-15　约化速度U_r=2时升力时程曲线对比（Re=12000、ξ=0.0054）

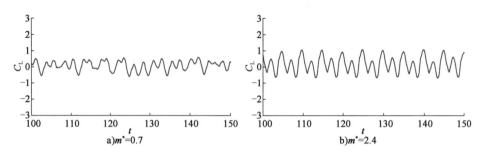

图3-16　约化速度U_r=5时升力时程曲线对比（Re=12000、ξ=0.0054）

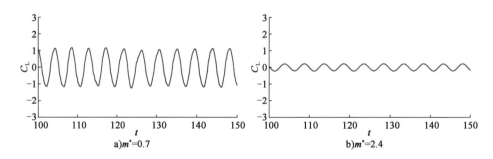

图3-17　约化速度U_r=12时升力时程曲线对比（Re=12000、ξ=0.0054）

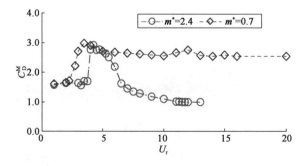

图3-18　不同约化速度下的平均拖曳力系数对比

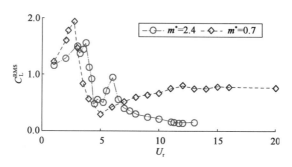

图 3-19 不同约化速度下的升力均方根系数对比

随后对比垂直水流方向的运动响应,图 3-20~图 3-22 分别为约化速度为 2.0、5.0 和 12.0 时两种质量比情况下的运动响应时程曲线,可以发现低质量比时的运动响应明显大于高质量比情况,特别是当约化速度为 2.0 和 12.0 时,其垂直水流方向振幅很小。约化速度的运动响应均方根统计如图 3-23 和图 3-24 所示。

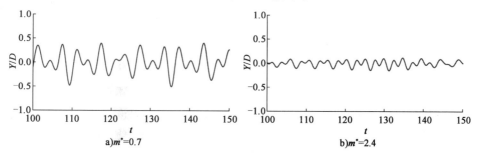

图 3-20 约化速度 $U_r=2$ 时垂直水流方向运动响应时程曲线对比(Re=12000、ξ=0.0054)

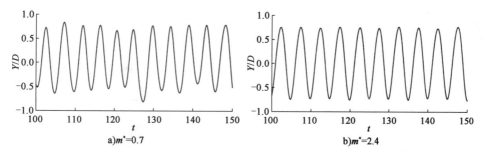

图 3-21 约化速度 $U_r=5$ 时垂直水流方向运动响应时程曲线对比(Re=12000、ξ=0.0054)

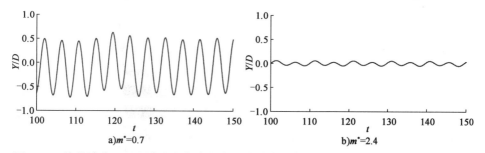

图 3-22 约化速度 $U_r=12$ 时垂直水流方向运动响应时程曲线对比(Re=12000、ξ=0.0054)

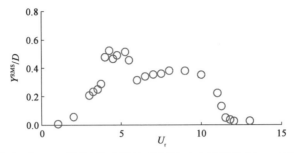

图 3-23　质量比 m^*=2.4 时不同约化速度下运动响应统计值（Re=12000、ξ=0.0054）

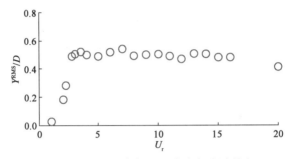

图 3-24　质量比 m^*=0.7 时不同约化速度下运动响应统计值（Re=12000、ξ=0.0054）

从结果可以看出，无论质量比是 2.4 还是 0.7，随着约化速度的增加，首先可以明显观察到上升枝。然后，在低质量比下看不到下降枝。在高质量比 2.4 的情况下，当约化速度在 4.0 和 11 之间时，振幅很大，而在其他约化速度的情况下振幅很小。在低质量比 0.7 的情况下，当约化速度大于 3.0 时，振幅一直较大。因此，对于圆柱形状的张力腿式悬浮隧道，其约化速度应该尽可能小，从而避免发生涡激振动现象。

为了进一步证实在低质量比（m^*<1.0）的情况下没有下降枝这一现象，计算了质量比为 0.8 时的工况，同样发现了该规律，如图 3-25 所示。

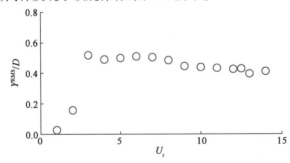

图 3-25　质量比 m^*=0.8 时不同约化速度下运动响应统计值（Re=12000、ξ=0.0054）

图 3-26 和图 3-27 分别给出了质量比 m^* 为 2.4 和 0.7 时无量纲的振动频率。f_n 代表自振频率，虚线为圆柱固定时对应的涡脱落频率，在本书中为 0.21。点虚线为结构的自振频率，可以看出，对于高质量比 m^*=2.4，当 4.0<U_r<6.5 时，结构振动频率和涡脱落频率相近；而当 6.5≤U_r≤11.5 时，结构振动频率与自振频率接近；当 U_r>11.5 时，结构振动频率接近涡脱落频率。而在低质量比 m^*=0.7 时，结构振动频率总是等于涡脱落频率。

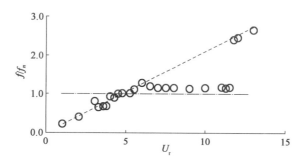

图 3-26　质量比 $m^*=2.4$ 时不同约化速度下结构振动频率（$Re=12000$、$\xi=0.0054$）

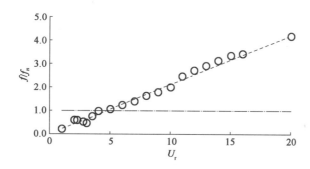

图 3-27　质量比 $m^*=0.7$ 时不同约化速度下结构振动频率（$Re=12000$、$\xi=0.0054$）

在质量比 $m^*=0.7$ 和 2.4 的条件下，分别对振幅较大和振幅较小的情况下的流场进行分析，如图 3-28~图 3-39 所示。根据悬浮隧道在一个振动周期内的振动模式和尾涡脱落模式，在不同的质量比下及不同的约化速度下，研究发现，在悬浮隧道振幅较小的高质量比情况下，结构后面的旋涡脱落形式是规则的，如图 3-28b)~图 3-31b) 以及图 3-36b)~图 3-39b) 所示。这一现象与图 3-28a)~图 3-31a) 以及图 3-36a)~图 3-39a) 所示的低质量比情况明显不同，后者显示了悬浮隧道后面的不规则涡流脱落形式。然而，当悬浮隧道的振幅较大时，大质量比和小质量比情况下的旋涡脱落形式都是无序的，如图 3-32~图 3-35 所示。此外，通过比较下图中的流场可以看出，$m^*=0.7$ 时的旋涡长度远短于 $m^*=2.4$。这可能导致 $m^*=0.7$ 时的升力系数和振幅更大，如前一部分所述。

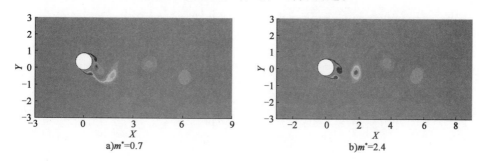

图 3-28　当约化速度 $U_r=2.0$ 时，结构在正向最大位置时振动和涡脱落形式对比

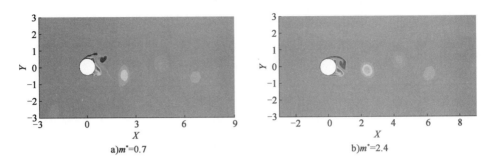

图3-29 当约化速度U_r=2.0时,结构在跨零位置处振动和涡脱落形式对比

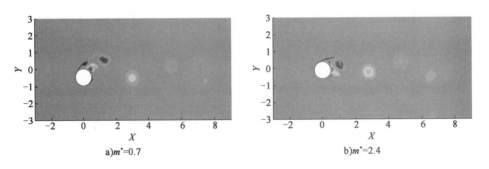

图3-30 当约化速度U_r=2.0时,结构在负向最大位置处振动和涡脱落形式对比

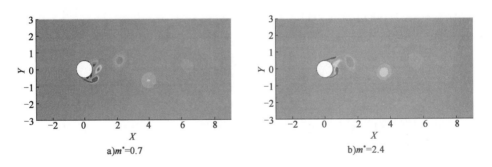

图3-31 当约化速度U_r=2.0时,结构在跨零位置处振动和涡脱落形式对比

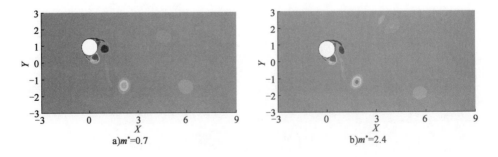

图3-32 当约化速度U_r=5.0时,结构在正向最大位置处振动和涡脱落形式对比

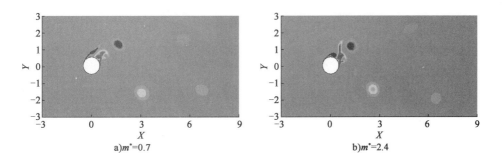

图3-33　当约化速度U_r=5.0时,结构在跨零位置处振动和涡脱落形式对比

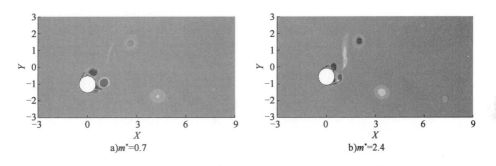

图3-34　当约化速度U_r=5.0时,结构在负向最大位置处振动和涡脱落形式对比

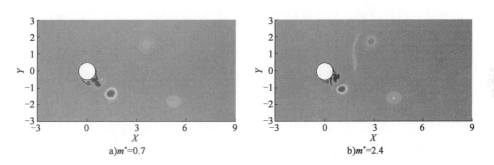

图3-35　当约化速度U_r=5.0时,结构在跨零位置处振动和涡脱落形式对比

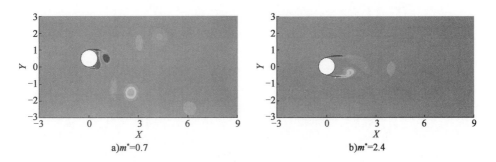

图3-36　当约化速度U_r=12.0时,结构在正向最大位置处振动和涡脱落形式对比

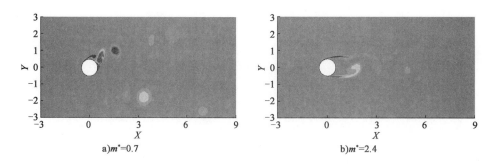

图 3-37　当约化速度 U_r=12.0 时，结构在跨零位置处振动和涡脱落形式对比

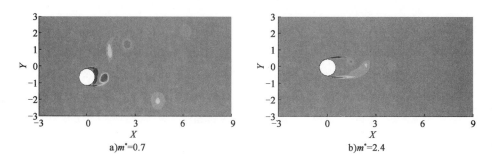

图 3-38　当约化速度 U_r=12.0 时，结构在负向最大位置处振动和涡脱落形式对比

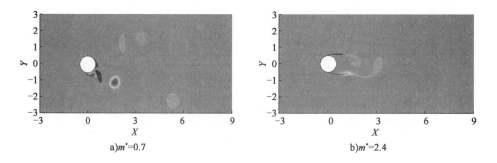

图 3-39　当约化速度 U_r=12.0 时，结构在跨零位置处振动和涡脱落形式对比

3.6　本章小结

本章基于不可压缩黏性雷诺平均 Navier-Stokes 方程的有限元方法，结合拉格朗日-欧拉框架，通过计算流体力学数值模拟，研究了不同雷诺数的水下悬浮隧道涡激振动问题。主要结论如下：

首先，通过对均匀流和固定单圆柱的分析，验证了模型在高雷诺数情况下的准确性。然后，通过对高雷诺数下圆柱涡激振动的数值模拟，并与其他学者的试验结果进行比较，证明本书建立的模型可以用于研究高雷诺数情况下的流固耦合问题。

通过对流体作用下悬浮隧道涡激振动的研究,分析了不同雷诺数情况下悬浮隧道的受力系数和运动规律。结果表明,雷诺数不仅对振动幅值和锁定区有很大影响,而且对悬浮隧道的力系数也有很大影响。当雷诺数较低时,悬浮隧道的锁定区间、平均拖曳力系数和升力系数均方根较大。随着雷诺数的增加,"锁定"区间、平均拖曳力系数和升力系数均方根值变小。因此,当悬浮隧道的尺寸较小或流速对结构的作用较慢时,力系数和"锁定"区域相对较大,而当悬浮隧道的尺寸较大或流速较快时,力系数和"锁定"区域相对较小。

针对大质量比m^*=2.4的情况,圆柱后方的漩涡脱落比较规律。然而,对于质量比m^*=0.7的情况,圆柱后方涡脱落有时不规律。在大约化速度下,低质量比的旋涡长度远短于高质量比的情况。对于低质量比的情况,振动幅值较大,对应的约化速度较小。当约化速度大于3.0时,振动幅值一直较大,而且没有下降枝,此外,低质量比的平均拖曳力系数和升力系数均方根也大于高质量比的情况。低质量比时,主要振动频率总是与涡脱落频率一致。

第4章

波浪与悬浮隧道三维时域模型

本章主要介绍波浪与悬浮隧道的三维时域模型,波浪力部分采用Morsion公式,将结构简化为欧拉-伯努利梁来模拟其整体变形情况,锚链部分采用杆单元进行模拟。希望通过该模型的建立,可以描述全跨度悬浮隧道在波浪作用下的受力和整体变形情况。

4.1 基本理论

4.1.1 波浪力计算

在进行悬浮隧道水弹性响应分析之前,首先要进行波浪力的推算,针对本书的研究内容,建立如图4-1所示的坐标系统来描述波浪水质点和悬浮隧道管体的运动情况,利用右手坐标系 $oxyz$ 来研究波浪与三维悬浮隧道作用问题,原点在平均静水面上,z 轴垂直向上为正,其中波浪沿 y 轴正向入射。

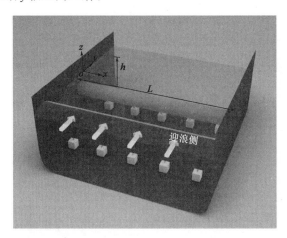

图4-1 模型坐标系统示意图

以线性波浪理论提供水质点的速度和加速度,在任意时刻 t,任意一点 (x,y,z) 水质点的速度势由式(4-1)给出:

$$\phi = -\frac{H}{2}\frac{g}{\omega}\frac{\cosh k(h+z)}{\cosh kh}\sin(kx\cos\theta + ky\sin\theta - \omega t) \tag{4-1}$$

其中,ϕ 为速度势;g 为重力加速度;H 为波高;k 为波数;θ 为入射波浪方向与 x 轴的夹角,由于本书主要研究正向波浪作用,$\theta=90°$;h 为水深;ω 为波浪角频率。

由水质点的速度势方程,再结合色散方程 $\omega^2 = kg\tanh kh$,可以计算得出水质点的速度:

$$u_y = \frac{\partial\phi}{\partial y} = \frac{H\omega}{2}\frac{\cosh k(z+h)}{\sinh kh}\cos(ky - \omega t) \tag{4-2}$$

$$u_z = \frac{\partial\phi}{\partial z} = \frac{H\omega}{2}\frac{\sinh k(z+h)}{\sinh kh}\sin(ky - \omega t) \tag{4-3}$$

其中，u_y 为水质点的 y 向速度；u_z 为水质点的 z 向速度。

忽略流速场中的加速度项，水质点的加速度可表示为：

$$a_y = \frac{\partial u_y}{\partial t} = \frac{H\omega^2}{2} \frac{\cosh k(z+h)}{\sinh kh} \sin(ky - \omega t) \tag{4-4}$$

$$a_x = \frac{\partial u_z}{\partial t} = -\frac{H\omega^2}{2} \frac{\sinh k(z+h)}{\sinh kh} \cos(ky - \omega t) \tag{4-5}$$

其中，a_y 为水质点的 y 向加速度；a_z 为水质点的 z 向加速度。

根据 Morison 方程，单位长度的水下悬浮隧道所受到的波浪荷载可以表示为惯性力和阻力之和：

$$f_y = \frac{1}{2}\rho C_D D_1 |u_y - v_y|(u_y - v_y) + \rho C_M \frac{\pi D_1^2}{4} a_y - \rho(C_M - 1)\frac{\pi D_1^2}{4}\frac{\partial v_y}{\partial t} \tag{4-6}$$

$$f_z = \frac{1}{2}\rho C_D D_1 |u_z - v_z|(u_z - v_z) + \rho C_M \frac{\pi D_1^2}{4} a_z - \rho(C_M - 1)\frac{\pi D_1^2}{4}\frac{\partial v_z}{\partial t} \tag{4-7}$$

其中，f_y 为作用在单位长度悬浮隧道 y 向的波浪荷载；f_z 为作用在单位长度悬浮隧道 z 向的波浪荷载；C_D 为阻力系数；C_M 为惯性力系数；ρ 为海水密度；D_1 为隧道外径；v_y 为隧道轴线在 y 方向的速度；v_z 为隧道轴线在 z 方向的速度。式(4-6)和式(4-7)右端的第一项表示阻力荷载，第二项表示惯性力荷载，第三项表示附加质量效应。

4.1.2 运动方程求解

将悬浮隧道管体简化为 Euler-Bernoulli 梁，基于结构动力学和有限元法，以 y 方向为例，可以建立悬浮隧道管体的微分方程：

$$m\frac{\partial^2 \xi(y,t)}{\partial t^2} + c\frac{\partial \xi(y,t)}{\partial t} + k\xi(y,t) + \frac{\partial}{\partial y^2}EI(x)\frac{\partial^2 \xi(y,t)}{\partial y^2} = f(y,t) \tag{4-8}$$

其中，m 为悬浮隧道管体的每个节点的质量；ξ 为管体每个节点的位移；c 为悬浮隧道管体的阻尼；k 为悬浮隧道的外部刚度；$EI(x)$ 为沿着悬浮隧道轴向的弯曲刚度；$f(y,t)$ 为隧道管体受到的合外力向量，包括波浪力、浮力以及锚索拉力三部分。

质量矩阵 $[M]$ 采用集中质量矩阵，隧道管体质量被单元各节点平分，在结构分析过程中，采用 Rayleigh 阻尼对结构阻尼进行简化，此时阻尼矩阵 $[C]$ 是质量矩阵 $[M]$ 和刚度矩阵 $[K]$ 的线性组合。

$$[C] = \alpha[M] + \beta[K] \tag{4-9}$$

其中，α 是黏度阻尼分量；β 是刚度阻尼分量。

为研究结构的振动特性，首先要进行模态分析，通过模态分析得到的 $\omega_i (i = 1,2,3,\cdots,n)$ 以及选取的阻尼比 ξ 推算 α 和 β：

$$\alpha/2\omega_i + \beta\omega_i/2 = \xi \tag{4-10}$$

因为式(4-10)中有两个未知数，此时可以近似地假设 α 和 β 阻尼的总和在隧道结构自振角频率范围 ω_1 和 ω_3 之间是一个常阻尼比 ξ，这将得出两个联立方程，从而计算出 α 和 β，代入式(4-9)确定阻尼矩阵 $[C]$。

本书悬浮隧道的运动方程采用 Newmark-β 隐式时间积分法进行迭代求解，为保证计算的精度，积分时间步长 Δt 可由式(4-11)确定，其中 ω_i 为模型所需关注的最高阶角频率。

$$\Delta t \leqslant \frac{\pi}{15\omega_i} \tag{4-11}$$

4.2 模型验证

为能够进行下一阶段的工况计算工作，需要对本书建立的数学模型进行相关验证，首先验证模态分析部分的正确性，根据 Euler-Bernoulli 梁理论，以两端简支的梁系统为例，有：

$$\omega_i = (i\pi)^2 \sqrt{\frac{EI}{\overline{m}L^4}} \tag{4-12}$$

其中，i 表示模态阶数($i=1,2,3,\cdots,n$)；E 为梁的弹性模量；$\overline{m}$ 为梁的单位长度质量；L 为梁的长度；I 为梁的惯性矩。

为简化解析解的计算，选取一种单跨简支梁用于验证本数值模型模态分析部分的可靠性，其中，取长度 $L=1000$m，外径 $D_1=15$m，内径 $D_2=14$m，隧道弹性模量 $E=2.1\times10^{11}$Pa，隧道管体密度 $\rho_{管}=7850$kg/m³；各阶段模态的振型(以 y 向振型为例)如图4-2所示。

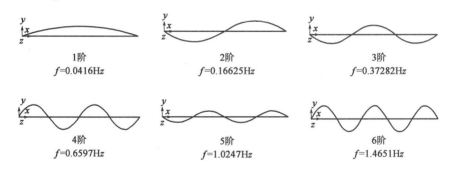

图4-2 简支梁各阶段模态振型与频率统计

对比模型解与解析解的固有角频率 $\omega_i(i=1,2,3,\cdots,n)$ 的值，统计结果见表4-1。

简支梁固有角频率对比　　　　　　　　　　　表4-1

模态阶数 i	1阶	2阶	3阶	4阶	5阶	6阶
模型解	0.26125	1.04458	2.34249	4.14508	6.43838	9.20495
解析解	0.26115	1.04459	2.35035	4.17839	6.52874	9.40139
误差	0.038%	0.001%	0.334%	0.797%	1.384%	2.089%

考虑到常规波浪的影响，对于悬浮隧道结构，往往只需重点关注前三阶的自振频率，故本数值模型的模态分析部分可保证在较高精度的情况下应用于本书的后续模态分析

工作,从而保证结构阻尼系数取值的可靠性。

随后将本书建立的数学模型与王广地曾经计算的单跨悬浮隧道运动响应进行对比,分析了不同长度悬浮隧道结构中间位置的 y 向位移,在王广地的论文中,对计算进行了如下假定:悬浮隧道截面恒定为圆形,两端按简支处理;波浪与悬浮隧道轴线垂直;管段刚度、截面几何尺寸和材料性质沿轴线方向保持不变,其计算参数见表4-2。

单跨悬浮隧道模型计算参数　　表4-2

参数	阻尼比	水深(m)	直径(m)	壁厚(m)	弹性模量(MPa)	密度(kg/m³)	淹没深度(m)
数值	0.01	100	26	1.0	3.1×10^4	2500	30

波浪波高取9.3m,波浪周期取13s,分别计算单跨悬浮隧道总长度 L 从200m到800m情况下的中点位移幅值,对比结果如图4-3所示。从结果可以看出,本书建立的模型计算结果与文献结果较为接近,但是随着跨度的增加存在一定误差,可能原因是在计算中单元划分数量不完全一致,本模型更为精细,能计算出较为明显的节点位移。根据上述两个算例的对比验证,总体来讲,本模型可以保证后续计算的稳定性和准确性。

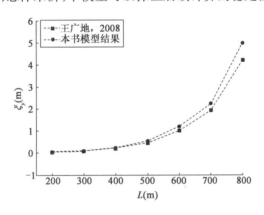

图4-3　单跨悬浮隧道中点位移对比图

4.3　水弹性响应分析

截至2024年,世界上并没有悬浮隧道的工程实例,对于水下悬浮隧道的研究尚处于初级阶段,本书数值模型以张力腿式悬浮隧道为例,假定隧道管体截面为沿程不变的圆形,忽略管段之间的接头对隧道整体刚度的影响,认为管段之间保持刚性连接。

4.3.1　波浪周期对整体运动的影响

依据验证算例可知,随着跨度的增加,悬浮隧道中点位移会显著增加,因此结构沿轴线方向会布置多根锚泊系统保证整体的稳定性,假定锚索与隧道管体、海床之间均为铰接,隧道管体两端即出入口处与岸坡刚性连接。隧道模型全长 $L=3000\text{m}$,外径 $D_1=14.0\text{m}$,内径 $D_2=12.0\text{m}$,材料参数与验证算例一致,悬浮隧道浮重比取 1.35,锚索与海平面的夹角为 $45°$,锚链密度为 7850kg/m^3,弹性模量为 $2.1\times10^5\text{MPa}$,横截面积为 0.188m^2,拖曳力系数取 1.2,惯性力系数取 2.0,沿程锚链的系泊间距为 250m,沿隧道轴线方向共应设置 11 段锚索,因模型假定沿程水深不变,所以各锚链长度相等;为方便统计沿程系泊锚索的张力分布情况,将迎浪侧锚索沿 x 轴依次标记为序号 F1~F11,模型具体的横纵向布置形式如图4-4所示。

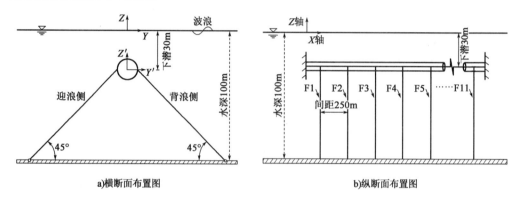

图4-4 悬浮隧道模型断面布置简图

(1)隧道管体的整体动力响应影响分析。

为使悬浮隧道管体的运动较为明显,本书选取波浪周期较长的 8~13s 波浪开展相关研究,波浪沿 y 轴正向入射,波高 $H=2.0\text{m}$;在水深不变的情况下,随着波浪周期的增加,波长增大,此时表面波对水面以下结构物的影响深度也增大。统计不同波周期下悬浮隧道沿 y 轴的最大位移结果,如图4-5、图4-6所示,其中 A 表示波幅,ξ_y 表示 y 向最大位移,ξ_z 表示 z 向最大位移,T 表示波浪周期。

分析统计结果可知,在不同周期波的作用下,悬浮隧道管体沿程的最大位移分布趋势基本相同,由于沿程锚链的系泊间距为 250m,发现在 x 轴坐标为 250m 的整数倍位置处(即锚链与隧道管体连接处),位移幅值较小,这主要是受到了锚索约束力的影响;而在两段锚索之间的隧道位置,位移幅值较大,其中在锚索段的正中位置处位移达到最大值,这与隧道管体在表面波的作用下发生了弹性变形有关。

观察 y 向和 z 向的位移幅值整体图可知(z 向位移幅值为波浪作用下的位移幅值,减去浮力引起的位移部分),隧道管体在波浪作用下,最大位移发生在坐标 $x=375\text{m}$ 和 $x=2625\text{m}$ 处,即第 1 段和第 2 段锚索中间位置以及第 10 段和第 11 段锚索中间位置;而在 $x=125\text{m}$ 处,即岸坡与 F1 号锚链的中部位置,位移幅值相对较小;隧道的整体位移幅值分布情况关于隧道中点 $x=1500\text{m}$ 对称;另外,随着 x 轴坐标向隧道管体的中部位置靠近,各锚索段中部的位移幅值差距越来越小,在靠近中部位置处,两段锚索之间的位移幅值基本不存在差异。

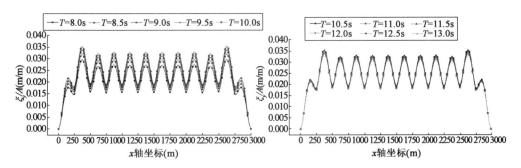

图4-5 不同波周期作用下隧道y向位移幅值统计图

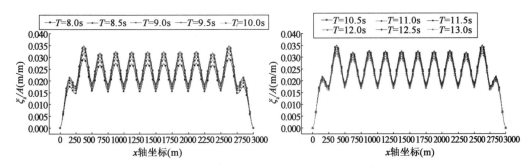

图4-6 不同周期作用下隧道z向位移幅值统计图

随后选取隧道位移最大处(x轴坐标为375m,定义为S1)和中部位置附近的最大位移点(x轴坐标1375m,定义为S2)两个位置统计不同波浪周期作用下的位移幅值,如图4-7所示。分析可知,随着周期增大,隧道不同位置处的位移幅值呈现先增大后减小的趋势,其中y向位移幅值基本在波浪周期11.0s位置最大,而z向位移幅值在10.5s位置处发生转折,且随着周期的增大,两个方向位移幅值的差值越来越大,表现为y向的位移幅值大于z向的位移幅值。分析该现象形成的原因,在总水深和悬浮隧道淹没深度保持不变的情况下,波周期越长,波长越长,此时表面波的影响深度增大,水质点的运动轨迹发生变形,逐渐由圆变成椭圆,这导致了在较长周期波的作用下,隧道y向的受力大于z向的受力。

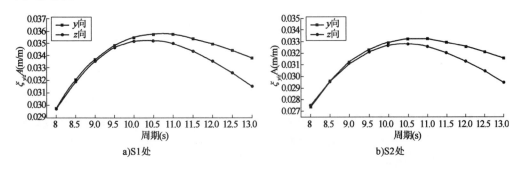

图4-7 不同位置位移幅值随入射波浪周期变化情况的统计结果

（2）沿程锚索的张力分布情况。

随后研究了不同波浪周期对隧道沿程锚索张力分布的影响，对于本模型中的斜向双锚索体系，以波浪周期11.0s为例，选取隧道跨中点处（第6段锚链段）的迎浪侧与背浪侧两条锚索的张力时程曲线进行对比，如图4-8所示。分析可知，在90°正向波浪入射（波浪沿y轴正向入射）的条件下，隧道迎浪侧和背浪侧两条锚索的张力由于系泊位置的不同，时程曲线幅值相同，只是相位有所差别。

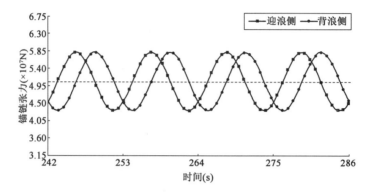

图4-8　隧道中部位置锚索张力时程曲线对比

统计沿程11段迎浪侧锚索的张力分布情况，由于正向波的作用，沿程锚索的张力分布情况关于隧道管体的中部位置对称，故本书只展示了前6段迎浪侧锚索的张力分布情况，即图4-4中编号为F1~F6的锚索，其中各锚索的张力动态幅值（即除去锚索平衡悬浮隧道受到的净浮力后，所能达到的最大张力值）和预张力随波周期的变化趋势如图4-9所示。

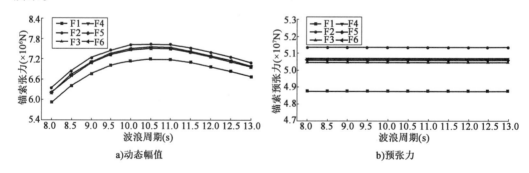

a）动态幅值　　　　　　　　　b）预张力

图4-9　迎浪侧锚索张力变化随入射波浪周期比变化趋势图

分析可知，随着波浪周期增大，沿程锚索的净张力幅值同样呈现先增大后减小的趋势，另外F1号锚索的张力幅值最小，F2号锚索的张力幅值最大，F3~F6号锚索的净张力幅值基本相同，随着波周期的增大，该规律保持不变，这与隧道管体F1~F2号锚索之间的位移幅值较大而岸坡与F1之间的位移幅值较小的情况基本对应。随后统计在不同波浪周期作用下，各段锚链平衡悬浮隧道管体的净浮力所需要的预张力情况。观察F1~F6号锚链所需的预张力，由于锚链的预张力仅和结构自重相关，所以各工况下锚链预张力保持一致,各锚链预张力大小关系与张力动态幅值关系一致。可见在离岸坡足够远的情况下,各锚索表现出相同的动力响应和相同的预张力,因此悬浮隧道与岸坡之间的固端边界条件对近岸端部锚索的张力影响较大,在实际工程中应考虑增加或加粗近岸端锚索以避免其安全隐患。

4.3.2 隧道沿程系泊间距的影响

沿着隧道管体的纵向(即本书中的 x 正向),锚索的布置间距会影响悬浮隧道的整体动力响应,当锚索布置间距较小时,管体在环境荷载作用下的整体变形较小,但深水锚索基础的施工难度将导致投资成本大幅增加;而锚索的布置间距过大时,隧道管体在环境荷载下的变形以及沿程锚链的张力会增大;因此,在满足通车舒适性及隧道管体和锚索结构安全的前提下,研究合理的锚索系泊间距,尽可能地降低工程的总投资成本,寻求经济与安全的平衡点,具有重要的现实意义。

本小节对锚索沿隧道轴线方向上的合理布置间距展开研究,依托上一节的研究成果,波浪沿 y 轴正向入射,周期为 11.0s,波高 2.0m;分别研究锚索间距为 100m、150m、200m、250m、300m、375m、500m 这几种工况。

(1)隧道管体的整体动力响应影响分析。

首先对比了间隔100~375m的隧道整体最大位形图,如图4-10所示,发现随着锚索间隔的增加,隧道不同位置处的最大位移幅值均迅速增加,锚索间隔375m时隧道位移最大值超过了0.1m;随后单独展示了锚索间隔500m时的最大位形图,如图4-11所示,发现锚索间隔500m时,隧道的位移幅值超过了0.5m,为锚索间隔375 m最大位移的5倍,而此时锚索数量减少不明显;同时发现在锚索间隔500m时,隧道整体的最大位形图相较于其他间距情况发生了明显变化,在间隔100~375m的情况下,与其他两段锚索之间的位移幅值相比,第一段锚索与岸坡之间的位移幅值明显较小;而在间隔500m的情况下,第一段锚索与岸坡之间的位移幅值则大于第二段与第三段锚索之间的位移幅值,可见不同位置处隧道管体的最大位形受到岸坡边界与锚索间距的共同影响。

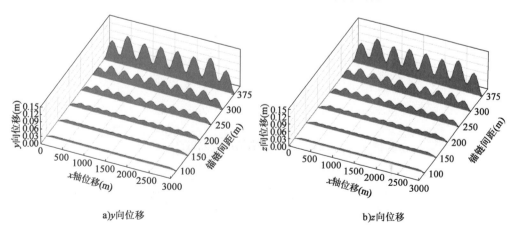

a) y 向位移　　　　　　　　　b) z 向位移

图4-10　不同锚索间距情况下隧道沿程位移幅值统计图

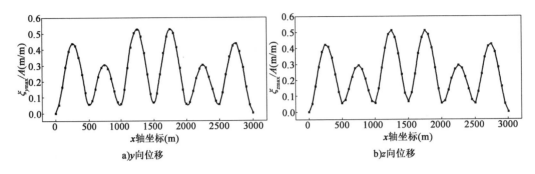

图 4-11　锚索间距 500m 情况下隧道沿程位移幅值统计图

统计不同锚索布置间距情况下的隧道位移幅值,如图 4-12a) 所示。可见锚索间距在 100~300m 时,隧道管体的位移幅值相差不大,而总锚链段数节省了近 70%,故在 300m 的锚索布置间距范围内,隧道的位移幅值并没有随着锚索的布置间距增加而显著增加。在锚索布置间距超过 300m 之后,隧道的位移幅值开始显著增加,在间距为 500m 时,此时沿程共需布置 5 段锚索,与 300m 的间距相比,所需的锚索段数仅减少不到 50%,但位移幅值却增大了 5 倍,可见过大的锚索布置间距对于隧道的总锚链段数与隧道整体的位移幅值不再具有良好的平衡效果,故从此角度而言,应以 250~300m 的锚索布置间距为优选。图 4-12b) 为不同锚索间距下 y 向和 z 向的最大位移幅值以及加速度幅值统计,进一步说明了该结论。

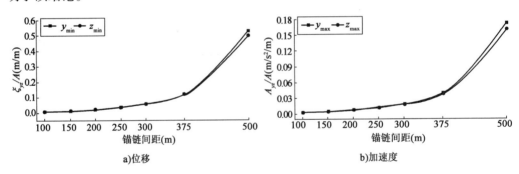

图 4-12　不同锚索间距下隧道位移和加速度幅值统计图

分析锚链间距 500m 时隧道管体位移幅值显著增大的原因,原因之一是随着锚链间距增大,该段管体长细比变大,因此中间部分荷载变大,另一个原因是隧道整体刚度的减小,使隧道整体的自振频率逐渐减小。表 4-3 为悬浮隧道在不同锚索间距时的一阶频率,可见当锚索间距为 500m 时,结构的一阶频率为 0.095Hz,与波浪频率较为接近,以上两点导致了管体位移幅值显著增大。

悬浮隧道管体一阶固有频率统计表　　　　　　　表 4-3

间距(m)	100	150	200	250	300	375	500
频率(Hz)	1.0565	0.8363	0.6366	0.4132	0.2905	0.1894	0.0952

为研究不同长度下悬浮隧道的位移幅值受锚索布置间距的影响,在3000 m 长度的基础上,进一步研究了6000m 和9000m 的悬浮隧道在不同锚索布置间距条件下的位移幅值变化趋势,统计图如图4-13所示。由图4-13可见,三种不同长度的悬浮隧道在相同的锚链布置间距条件下,位移幅值基本相同,说明悬浮隧道整体长度在并未对隧道管体的位移幅值产生明显影响。

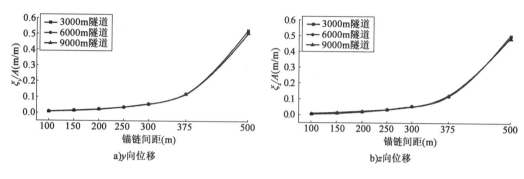

图4-13 不同隧道长度下管体位移幅值统计图

(2)沿程锚索的张力分布情况。

进一步分析不同锚索布置间距情况下沿程锚索的张力分布情况,由之前小节相关结论可知,在靠近隧道中部位置,锚索的张力幅值与所需预张力均已相差不大,故本小节只统计了不同锚索布置间距下最大受力锚链的动态张力与预张力值,具体统计结果见表4-4。可知随着间距增大,不同锚索的动态张力幅值与所需的预张力均增大,而且随着间距的增大,动张力与预张力比值也增大,间距在300m 以内时,比值恒定为0.15,而间距为375m 和500m 时则有所增加,由于此时预张力已经很大,因此间距过大时对锚索要求过高。

不同间距下锚索的动态张力幅值统计表　　　　　表4-4

锚索间距(m)	100	150	200	250	300	375	500
动态张力(kN)	2967.54	4511.61	6026.28	7635.82	9439.60	12845.96	22434.70
预张力(kN)	20107.9	30933.8	41148.0	51331.1	61554.7	76885.1	103076.2
比值	0.148	0.146	0.146	0.149	0.153	0.167	0.218

4.3.3 波浪入射方向影响分析

波浪的传播方向受各种因素的综合影响,处于动态变化之中,本小节重点关注了不同的波浪入射方向对悬浮隧道整体动力响应的影响。

首先选取15°、30°、45°、60°、75°共5种波浪入射方向为计算工况,其中波浪入射方向定义为沿x轴正向以顺时针向y轴正向偏转,它与x轴正向所成的夹角即为工况计算中的波浪入射方向;在工况计算中采用了$T=11.0$s 的波浪周期,隧道淹没深度$d=30$m;另外选择隧道全长$L=3000$m,锚索的系泊角度$\theta=45°$,沿隧道模型的x轴以300m 的间距布索,同时假定隧道管体与岸坡之间为固定连接。

统计5种波浪入射条件下隧道整体的瞬时最大位形,如图4-14所示(其中z向位移幅值统计中已消除了净浮力对位移幅值的影响,同下),其中ξ_y表示隧道整体在y方向上某时刻的最大位移,ξ_z表示隧道整体在z方向上某时刻的最大位移,A表示波幅。

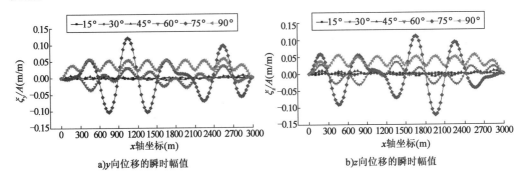

图4-14 不同波浪入射条件下隧道整体的瞬时最大位形图

由隧道的整体位形图可知,在不同的波浪入射方向下,隧道管体的最大瞬时位移形态表现出了不同的趋势,波浪入射角度在15°~45°范围内时,隧道整体的位移峰值较小,而波浪入射角度在60°~90°范围内时,隧道整体的位移峰值相较于15°~45°范围内大很多;除90°波浪沿y轴正向入射外,在斜向浪的作用下,隧道管体的瞬时位移坐标值有正有负,且在x=300m的整数倍坐标位置处(即隧道管体与锚链连接的位置),隧道管体的位移值很小,基本在零值附近,这与锚索的约束有关;在90°波浪的作用下,隧道管体不同位置处的瞬时位移值始终保持同向,同样在锚索约束位置处位移相对较小,但此处的位移值与斜向浪作用下的位移值相比仍旧较大。

斜向浪与正向浪相比,隧道管体的位移值相对于隧道的中部位置不再有正对称的关系,位移形态变得较为复杂,这与隧道不同位置经历波峰波谷的时刻不同所导致;由于45°以内的波浪对隧道整体的位移幅值影响相较于60°以上的波浪小得多,且系泊位置处隧道位移值很小,又进一步影响了隧道整体的位移形态,故在上述结论的基础上进一步研究了在60°、75°、90°三种波浪入射角度下,不同的锚索系泊间距对隧道整体动力响应的影响。

以系泊间距150m、200m、250m、300m共4种锚索系泊间距为研究对象,由于隧道管体全长L=3000m,故分别对应锚索38条、28条、22条、18条,可见锚索间距的增大对锚索使用总量的减小效果越来越不明显;以隧道的y向瞬时位移形态为例,图4-15展示了4种锚索布置间距情况下隧道的整体位移形态。

由图4-15可知,随着锚索布置间距的增长,不同波向条件下的隧道位移幅值均在增大,60°和75°两种斜向浪的作用导致了隧道管体更为复杂的位移形态,不同锚索间距时,在斜向浪的作用下隧道管体的位移幅值会出现在不同的坐标位置处,而在90°正向浪的作用下,隧道管体的位移幅值虽同样会根据锚索布置间距的不同而出现在不同的位置,但幅值点却总是保持在第一段锚索和第二段锚索的中部位置处,有较强的规律性;统计在4种不同锚索间距条件下,隧道管体位移幅值受不同波浪入射方向的影响情况,如图4-16所示。

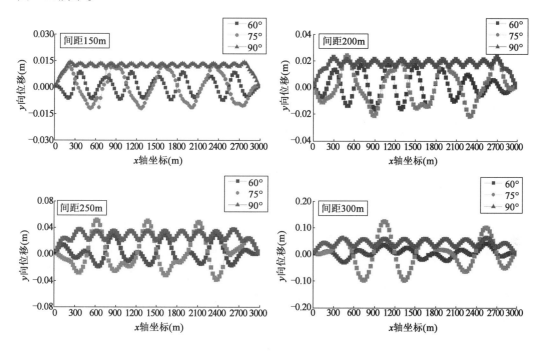

图4-15 不同锚索间距在3种波向作用下的隧道整体瞬时位形图

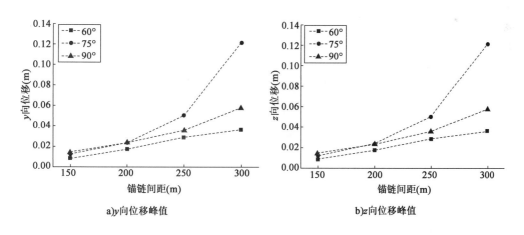

图4-16 不同锚索间距在3种波向作用下隧道整体位移幅值统计图

由图4-16可知,随着锚索布置间距的增大,3种不同波浪入射方向影响下的隧道位移幅值均有增大的趋势,且75°波向的增长趋势最显著;另外可以发现,在锚索布置间距200 m以内时,随着波浪入射方向角度的增长,隧道管体的位移幅值逐渐增大,而当锚索的布置间距在200 m以上时,75°的波向角使得隧道管体拥有更大的位移幅值,位移幅值大小表现为75°>90°>60°,且随着锚索布置间距的增大,3种波向作用下的隧道最大位移幅值的差值也在逐渐增大;可见在不同的锚索布置间距情况下,隧道管体位移幅值的控制波向也在发生变化,基本表现为:当锚索布置间距在200m以内时,隧道的控制波向为90°正向浪,而当锚索的布置间距超过200m时,隧道的控制波向基本发生在75°斜向浪附近。

随后研究不同波向对隧道沿程锚索张力幅值的影响,其中沿程锚索的张力分布情况可以由不同坐标处的隧道管体最大位移情况所体现,即锚索坐标处若隧道管体位移较大,则说明该坐标处的锚索变形量也较大,即在相同的锚索长度与刚度情况下,该处的锚索张力也较大。参考之前的结论,此处不再展示具体的沿程锚索张力数据统计,仅对应于图4-16,给出了不同锚索间距情况下3种波向作用下锚链的最大张力值统计图,如图4-17所示,其中图4-17a)为沿隧道x轴方向全部锚索的张力幅值统计结果,图4-17b)为隧道中部锚索的张力幅值统计结果,可见两种统计结果的变化趋势基本相同。

由图4-17可知,随着锚索布置间距的增大,3种波向作用下的锚索张力幅值变化趋势有所不同,其中在60°的波向条件作用下,锚索的张力幅值随着布置间距的增大而减小,而在75°和90°的波向条件作用下,锚索的张力幅值随着布置间距的增大而增大;另外当锚索的布置间距保持不变时,锚索的张力幅值随着波浪入射角度的增大而增大,其中波向在由60°到75°的变化过程中,张力幅值的增长较明显。

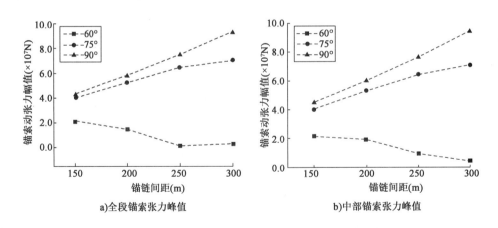

a)全段锚索张力峰值　　　　　b)中部锚索张力峰值

图4-17　不同锚索间距在3种波向作用下锚索张力幅值统计图

上述张力幅值均为波浪作用下锚索的动态张力幅值,已略去静水浮力作用下锚索的张力幅值部分。进一步研究了不同波向对锚索平衡隧道管体所受净浮力的影响,如图4-18所示,其中图4-18a)为沿隧道x轴方向全部锚索的净张力幅值统计结果,图4-18b)为隧道中部锚索的净张力幅值统计结果,可见在相同布置间距情况下,隧道中部锚索的净张力幅值略微小于隧道受力最大锚索的净张力幅值,即在不同波向的波浪作用下中部锚索并非受力最大的锚索。

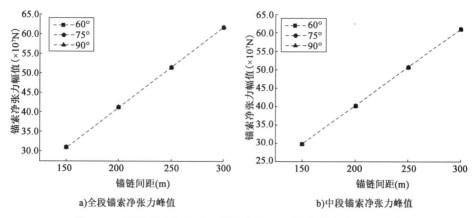

图 4-18　不同锚索间距在 3 种波向作用下锚索净张力幅值统计图

由图 4-18 可知,随着锚索布置间距的增大,3 种波向条件下锚索张力幅值均线性增加,但在相同的锚索布置间距条件下,3 种波向下的锚索净张力幅值基本相同,即与锚索布置间距的影响情况相反,波浪入射方向并没有对隧道沿程锚索所需的预张力产生显著的影响,这种结果与实际认知也是相符的。

4.3.4　淹没深度影响分析

为不影响水面以上船舶的正常通行,悬浮隧道往往需要放置在水面以下某一固定位置处,此外悬浮深度与其受到的波浪荷载大小密切相关,放置深度越大,悬浮隧道受表面波的影响会减小,但过大的淹没深度又会对隧道材料的抗水压性能提出更高的要求,本小节则研究了特定波浪条件下悬浮隧道管体的淹没深度对其整体动力响应的影响。

选取 20m、25m、30m、35m、40m 共 5 种淹没深度为计算工况,波浪沿 y 轴正向入射,采用 11.0s 的波浪周期,以及 6m 的波高;另外选择隧道全长 $L=3000$m,系泊角度 45°,沿程间隔 250m 布索,隧道管体与岸坡假定为固定连接。随后统计 5 种淹没深度条件下悬浮隧道整体的最大位形,如图 4-19 所示(其中 z 向位移幅值在数据统计中消除了净浮力对位移幅值的影响),其中 $\xi_{y\max}$ 表示隧道整体在 y 方向上的最大位移,$\xi_{z\max}$ 表示隧道整体在 z 方向上的最大位移,A 表示波幅;另提取 5 种淹没深度情况下隧道位移最大值位置处($x=375$m 处)的位移时程曲线以及频谱图,如图 4-20 和图 4-21 所示。

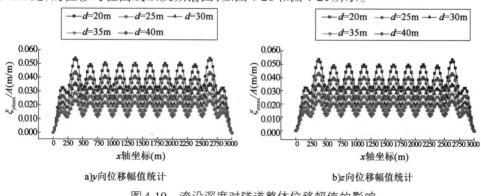

图 4-19　淹没深度对隧道整体位移幅值的影响

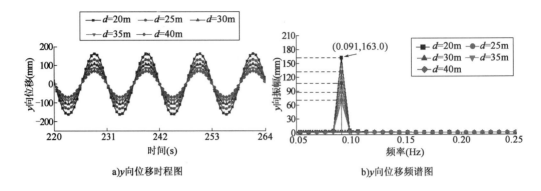

图4-20 坐标$x=375m$处y向位移时程及频谱图

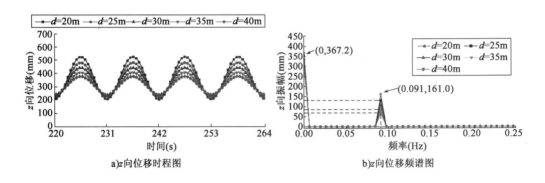

图4-21 坐标$x=375m$处z向位移时程及频谱图

分析数据可知,随着悬浮隧道淹没深度的增加,隧道不同位置处的最大位移均呈现逐渐减小的趋势,这与淹没深度增加导致悬浮隧道所受波浪力减小有关;在淹没深度为20m、25m、30m、35m、40m的情况下,对应隧道管体的y向最大位移分别为162.8mm、132.2mm、107.3mm、86.9mm、70.4mm,而对应z向最大位移分别为160.6mm、130.0mm、104.9mm、84.4mm、67.7mm,具体统计结果如图4-22所示;随着淹没深度增加,隧道位移幅值减小的趋势变平缓,故通过增加隧道的淹没深度来减小表面波对隧道运动响应的影响,在一定淹没深度范围内是合理的,但随着淹没深度增大到一定程度后,其减小运动响应幅值的效果将不再明显,且需要进一步考虑隧道材料对迅速增大的静水压的承受能力,综合考虑通航水深标准、施工难易、表面波浪影响以及隧道材料对静水压的承受能力等因素,在实际工程中,可以选择将隧道管体放置在水面以下30~50m范围内。

另外在系泊间距为250m的情况下,隧道y向和z向的位移幅值均出现在了第一段锚索和第二段锚索之间的位置($x=375m$处),即隧道近岸处的位移幅值受到了边界假定条件的影响,该现象在4.2小节中已经进行了相关讨论;而在距离岸坡较远位置,各锚索段之间的位移幅值随悬浮隧道管体下潜深度的增大,变化趋势基本相同,此时隧道管体的最大位移量均发生在两段锚索的中部位置处。

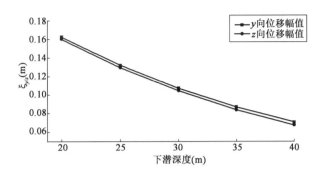

图 4-22　不同淹没深度下隧道最大位移统计图

随后分析管体坐标 $x=375$m 位置处的位移时程曲线和对应的频谱图,其中 z 向的位移时程和频谱图进一步考虑了隧道管体所受的净浮力(隧道管体所受浮力和自身重力的差值)作用。可以发现,在浮重比 BWR=1.348 的情况下,隧道管体所受的浮力约为其所受重力的 1.35 倍,此时隧道管体受到了较大的净浮力作用,导致在实际情况下,隧道的 z 向位移幅值远大于隧道的 y 向位移幅值,此时由位移时程的频谱图可知,隧道管体在 z 向的位移幅值可由两部分组成,即净浮力引起的位移以及波浪作用引起的位移。以隧道淹没深度 $d=20$m 为例,其中净浮力引起的位移幅值为 0.367m,而波浪荷载引起的位移幅值为 0.161m,隧道的 y 向位移只由波浪荷载引起,为 0.163m;可知在不考虑隧道管体所受的净浮力情况下,隧道管体的 z 向位移幅值会略小于 y 向位移幅值。

进一步选取 $x=375$m、875m、1375m 以及 1500m 共 4 处坐标点,研究隧道管体在波浪和净浮力作用下的位移轨迹,具体如图 4-23 所示。可知在净浮力作用下,模型初始加载阶段时,隧道管体的 z 向位移值远大于 y 向位移值,体现为初始阶段隧道管体在净浮力的作用下迅速上浮,该阶段浮力的作用远大于波浪力的作用;而在 z 向位移达到稳定状态后(即净浮力引起的位移稳定后),波浪荷载影响下的隧道 y 向和 z 向振动幅值相差不大,运动轨迹近似椭圆状;同时发现随着 x 坐标的增大,相应坐标点达到稳定状态所需的时间将增长。

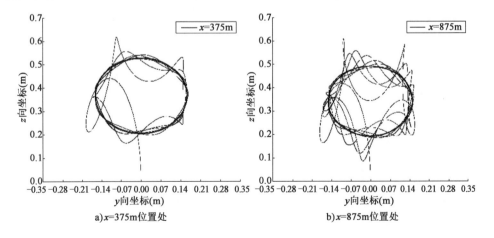

图　4-23

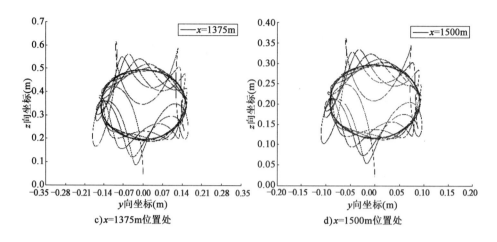

图4-23 隧道管体不同坐标处的位移轨迹图

随后统计隧道沿程11段锚索的动态张力幅值以及各段锚索所需的预张力大小,如图4-24~图4-28所示。可从图中看出,为平衡隧道管体所受到的净浮力作用,各段锚链所需提供的预张力大小和在波浪作用下各段锚链的动态张力幅值统计情况。由不同深度下悬浮隧道锚索张力的统计数据可知,锚索张力分布趋势与隧道管体的位移幅值趋势对应,不同淹没深度下的悬浮隧道结构,其锚索的动态张力幅值和所需的最大预张力值均出现在第二段锚链处,即F2与F10号两处锚索处;而锚索的动态张力最小值和所需提供的预张力最小值均出现在了第一段锚索位置处,即F1和F11号锚索处,锚索沿隧道管体轴线的张力分布情况表现为关于中部锚索(即F6号锚索)对称;隧道的端部边界简化条件对中部锚索张力的影响较小,此时靠近中部的各段锚索彼此的动态张力幅值与各自所需提供的预张力值基本相同。

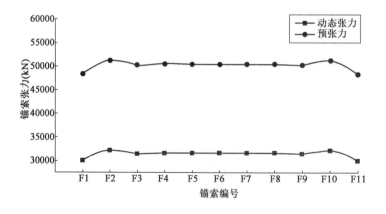

图4-24 淹没20m时隧道沿程锚索的张力统计图

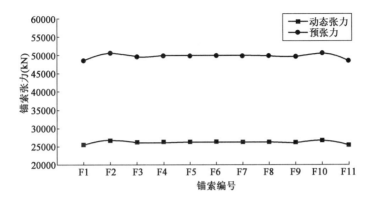

图4-25 淹没25m时隧道沿程锚索的张力统计图

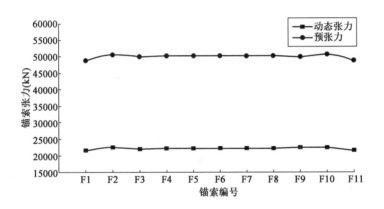

图4-26 淹没30m时隧道沿程锚索的张力统计图

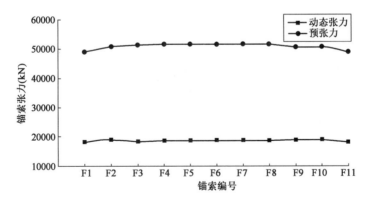

图4-27 淹没35m时隧道沿程锚索的张力统计图

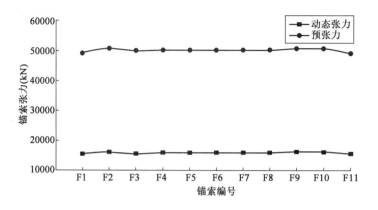

图4-28　淹没40m时隧道沿程锚索的张力统计图

由于F1和F2号锚索的张力差值最大,而中部锚索张力值基本相等,故进一步统计不同下潜深度下编号为F1和F2锚索的最大张力以及差值,见表4-5。

不同淹没深度下F1和F2号锚索动态张力统计　　　　表4-5

淹没深度d(m)	20	25	30	35	40
F1(kN)	30119	25483	21568	18246	15444
F2(kN)	32251	27079	22978	19462	15990
F2−F1(kN)	2132	1596	1410	1216	546

由表中数据可知,随着淹没深度增大,波浪对隧道管体的影响随之减小,此时对应锚索的张力也在迅速减小,且随着淹没深度增大,F1号和F2号锚索的差值也在逐渐减小。

另取5种淹没深度下隧道中部锚索(F6号)的张力时程曲线作对比,如图4-29所示,可知随着淹没深度增大,F6号锚索的张力峰值线性减小,张力谷值线性增大,而其所需的预张力大小依旧保持在50485kN,说明淹没深度对锚索所需的预张力基本无影响。在淹没深度$d=20$m时,F6号锚索张力峰值达到82146kN,为其所需预张力数值的1.6倍,仍能满足强度要求。

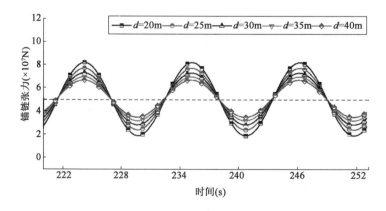

图4-29　不同淹没深度下F6号锚索的张力时程曲线对比图

4.3.5 系泊角度影响分析

对于锚索布置形式,从横向上可分为垂直式布索、倾斜式布索及混合式布索等,其中垂直式布索对环境条件要求较高;而对于倾斜式和混合式布索形式,锚索的倾斜角度不同,对隧道管体的整体动力响应以及锚索张力的影响也会不同。另外,锚索与海床的夹角同样决定了倾斜锚索的长度,夹角越大,倾斜锚链的长度越短,此时整体造价也会降低。但不同的夹角对隧道管体横向和纵向的刚度却有很大影响,将影响隧道管体横向和纵向的动力响应。本小节通过设置倾斜对称式的锚索布置形式,研究了悬浮隧道在不同系泊角度下的整体动力响应情况,并结合经济与安全因素,为倾斜锚索的角度选取提供合理建议。

选取 30°、35°、40°、45°、50°、55°、60°、65°、70°共 9 种系泊角度为计算工况,角度取样间隔 5°,隧道淹没深度 $d=30$m,波浪沿 y 轴正向入射,采用 11.0s 的波浪周期,以及 2m 的波高;另外选择隧道全长 $L=3000$m,沿程间隔 250m 布索,隧道管体与岸坡假定为固定连接。随后统计不同系泊角度下悬浮隧道整体的最大位形,如图 4-30 所示(其中 z 向位移幅值在数据统计中消除了净浮力对位移幅值的影响),其中 $\xi_{y\max}$ 表示隧道整体在 y 方向上的最大位移,$\xi_{z\max}$ 表示隧道整体在 z 方向上的最大位移,A 表示波幅。

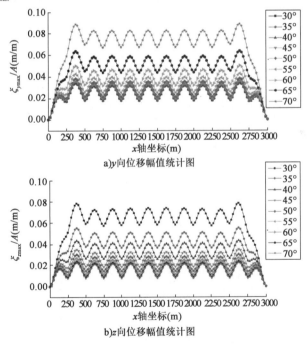

图 4-30 不同系泊角度下隧道沿程位移幅值对比图

由图可知随着系泊角度增大,隧道管体在整体上 y 向位移幅值增大而 z 向位移幅值减小,原因是随着系泊角度增大,导致了隧道管体的 z 向刚度增大而 y 向刚度减小,这与实际情况是相符的;观察 y 向和 z 向在波浪作用下的位移幅值整体图可知,隧道最大位移同样发生在坐标 $x=375$m 和 $x=2625$m 处,即第 1 段和第 2 段锚索中间位置以及第 10 段和第 11 段锚索中间位置,而在 $x=125m$ 处,即岸坡与F1号锚链的中部位置,位移幅值相对较小,隧道的整体位移幅值分布情况关于隧道中点 $x=1500m$ 对称,另外随着 x 坐标向隧道管体的中部位置靠近,各锚索段中部的位移幅值差距越来越小,靠近中部位置处,两段锚索之间的位移幅值基本不存在差异,这些规律与之前小节保持一致,不再进一步阐述。

取隧道同一位置处的位移时程曲线和频谱图分析,以坐标 $x=1375m$ 处为例,其 y、z 方向的位移时程曲线和频谱情况如图4-31和图4-32所示。

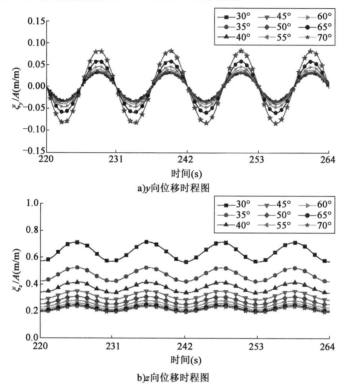

图4-31 坐标 $x=1375m$ 处位移时程曲线对比图

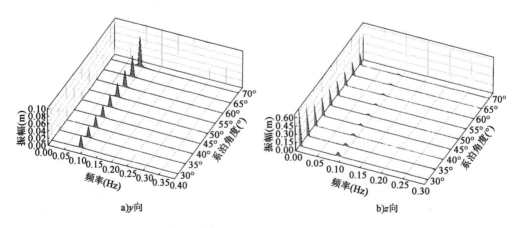

图4-32 坐标 $x=1375m$ 处位移时程频谱图

由隧道管体在 $x=1375\text{m}$ 位置的位移时程频谱图可知,不同系泊角度下隧道管体的运动频率均以波浪频率 0.0909Hz 为主导,随着角度增大,该位置处的 y 向振幅增大,而 z 向振幅减小,且基本呈线性;另外由 z 向频谱图可知,在频率为 0 的位置处,同样产生了较大的振幅,这是由于除了波浪荷载引起隧道管体位移外,隧道的 z 向同时还受到浮力的作用,这将导致在波浪荷载加载之前,隧道的 z 向就已存在向上的位移运动,这部分位移幅值是由净浮力造成的,属于静力学的范畴,随着系泊角度的增加,净浮力引起的位移幅值也在逐渐减小;另外,在相同的系泊角度下,净浮力引起的位移幅值与波浪荷载引起的位移幅值叠加即可表现为隧道该位置点处的位移时程最大值。

随后统计了不同坐标点处悬浮隧道在不同系泊角度下的 y 向和 z 向最大位移值,以 $x=375\text{m}$、1375m、1500m 三处位置点为例,统计结果如图 4-33 所示。

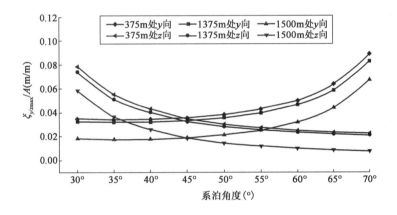

图 4-33　不同坐标点处的位移幅值统计

分析可知,在系泊角度为 45°时,隧道 y 向和 z 向的位移幅值基本相同,这是因为该角度下隧道 y 向和 z 向的系泊刚度相同且所受波浪力相差不大所致;随着系泊角度增大,SFT 管体的 z 向刚度增大而 y 向刚度减小,最终表现为隧道 z 向振动幅值增大而 y 向振动幅值减小。统计结果可知,在 40°~55°的系泊角度时,隧道 y 向和 z 向的幅值均较小,综合考虑 SFT 的振动幅值控制与系泊的经济问题,建议采用倾斜双锚链式系泊系统的 SFT 结构将系泊角度固定在 40°~55°的范围内。另外,系泊角度增大,将导致锚索的长度增长,故在实际工程中,仍需要深入考虑实际海洋环境的水深情况、锚索单位长度的造价以及锚索的长细比等众多因素,对其强度的影响。

进一步研究在不同系泊角度情况下,隧道沿程锚索的张力分布情况。首先以隧道中部 F6 号锚索为例,展示了其在波浪、隧道净浮力以及锚索自身重力情况下的位移时程曲线,如图 4-34 所示。可见随着系泊角度增大,F6 号锚索的张力峰值和张力谷值均在逐渐下移,对应其张力的平均值也在逐渐下降,这与该处锚索平衡隧道所受的净浮力所需的预张力减小有关。

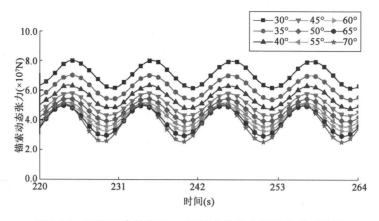

图 4-34　不同系泊角度下 F6 号锚索的张力时程曲线对比图

由于隧道沿程共有 12 段锚索,且不同锚索的张力幅值关于隧道中部呈对称关系,故仅取迎浪侧的 F1~F6 号锚索进行统计分析,其中各锚索在波浪作用下的净张力幅值随不同系泊角度的变化趋势如图 4-35 所示;而锚索平衡隧道管体所受的净浮力以及隧道端部边界条件等的影响所需要的预张力随不同系泊角度的变化趋势如图 4-36 所示。

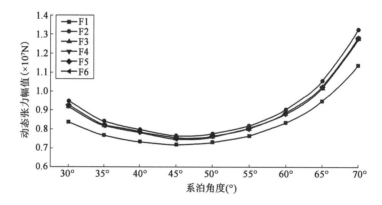

图 4-35　不同系泊角度下各锚索的净张力幅值变化趋势图

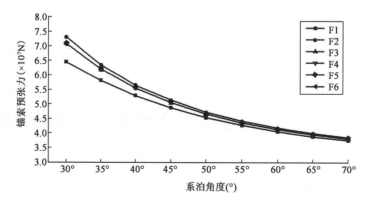

图 4-36　不同系泊角度下各锚索所需的预张力变化趋势图

分析可知，随着系泊角度的增大，各锚索所需的预张力逐渐减小，主要原因为：净浮力沿z轴垂直于水面向上，锚索夹角越小（与海底水平面的夹角），则锚链的竖向张力分量越小，要平衡相同的净浮力，就需要锚索有更大的预张力，这与实际情况是相符的；对于锚索在波浪作用下所受的净张力幅值，随着系泊角度的增大，各锚索承受的最大张力均有先减小后增大的趋势，且基本均在系泊角度为45°时发生转折；可以看出在45°的系泊角度下，所有锚索的张力幅值均较小，故可作为斜式双锚链系泊系统的最优系泊角，但需注意，此角度下各锚索所需提供的预张力仍较大，应在选择锚索最优系泊角时保证锚索结构的安全性。

4.4 本章小结

本章基于Morison方程和有限元法，建立了水下悬浮隧道的三维动力耦合数学模型，研究了波浪周期、锚索布置间距、入射波浪方向、悬浮隧道淹没深度以及系泊角度对水下悬浮隧道管段的水弹性响应以及沿程锚索张力幅值的影响，得出了以下结论：

随着波浪周期的增大，悬浮隧道不同位置处的位移先增大后减小，水平向位移和垂向位移的差值逐渐增大，故在长周期波浪主导的海域，适当增加隧道的水平向系泊刚度，将有利于隧道整体的位移控制。

由于假定悬浮隧道与岸壁之间为固定连接，隧道近岸端位置会出现更大的运动响应，进而也导致端部锚链承受更大的张力，在实际工程中，应通过适当提高锚索的刚度或通过增加端部锚索的数量来增加端部锚索的总刚度等方式，提高近岸端部锚索的安全性。

锚索的布置间距对悬浮隧道整体的运动响应和沿程锚索的张力分布有显著影响，在锚索间距100~300m范围内，随着间距增大，锚索总数的减少更明显；在锚索间距为500m时，隧道整体的一阶固有频率靠近常规波频，易导致共振现象发生，对锚索的安全已极为不利；故综合考虑经济与安全因素，实际工程中隧道锚索的间距宜为250~300m。

第5章

水流与悬浮隧道三维时域模型

本章主要介绍了水流与悬浮隧道的三维时域模型,在水流与悬浮隧道相互作用方面采用离散涡水动力模型,同样把悬浮隧道整体简化为欧拉-伯努利梁来进行模拟,采用切片理论模拟其整体的受力和变形情况。希望通过该模型的建立,可以描述全跨度悬浮隧道在水流作用下的受力和整体振动情况。

5.1 离散涡水动力时域模型

离散涡法的主要特点是采用拉格朗日方法来模拟流体中离散涡元的运动过程,各个物理量并非在网格之间进行传递,而是随着这些离散涡元在流场中的位置变化而发生对流和黏性扩散,因此,离散涡法不用计算网格。

5.1.1 控制方程与初-边界条件

涡运动是流体中最普遍存在的一种运动形式,涡运动的控制方程为Navier-Stokes方程,涡量输运方程为:

$$\frac{\partial \omega}{\partial t} + (u \cdot \nabla)\omega = v\Delta\omega \tag{5-1}$$

其中,ω为涡量;t为时间;u为速度矢量;v为流体的运动黏性系数。涡量输运方程与Navier-Stokes方程一样,都是高度非线性的,无法得到解析解,只能借助数值求解法。

离散涡法的原理,就是在势流场中的局部区域布置有限数目的离散的涡元,用这些离散的涡元来代表有旋区域的连续分布的涡量,然后通过计算这些涡元的产生、对流和扩散的复杂演化过程,来对整个流场进行数值模拟,即用"离散涡"的运动计算来实现对涡量输运方程的数值求解。

根据离散涡法的原理,把涡量场用有限个离散的涡元来代替。每个涡元都可以看成一个独立的小流体单元,由于它具有一定的涡量,因此会对周围的流场产生一定的影响。具体来说,就是每个涡元都会对周围及其他涡元产生一定的诱导速度作用。在离散涡方法中,除了物体和这些离散的涡元之外,流场中其他位置的流体质点不具有黏性,也不用特别考虑它们的运动,因此,离散涡方法只需关注物体和离散涡元的运动。

离散涡方法将连续的涡量场离散化后,在拉格朗日框架下追踪每个时刻所有涡元的运动轨迹。定义$r=r(x,y)$为空间坐标,涡元的拉格朗日坐标用a表示,涡元的迹线用$\chi(a,t)$表示,涡元迹线的运动方程为:

$$\left.\begin{array}{l}\dfrac{\partial \chi(a,t)}{\partial t} = V(\chi(a,t),t)\\ \chi(a,t) = a\end{array}\right\} \tag{5-2}$$

其中,t为时间;$V(\chi(a,t),t)$为t时刻涡元a的速度。涡元的速度可以通过泊松方程求解得到,也就是著名的毕奥-萨伐尔定律公式:

$$V(r,t) = \int K(r-r')\omega(r',t)\mathrm{d}S' + V_\infty \tag{5-3}$$

其中：

$$K(r-r') = \frac{-(y-y')(x-x')}{2\pi|r-r'|^2} \qquad (5-4)$$

其中，ω 为涡量；$r' = r'(x',y')$ 为积分点的位置坐标；$\mathrm{d}S'$ 代表积分区域；V_∞ 为无穷远处自由来流速度。由于每个离散涡都会对周围的流场中其他涡元产生一定的诱导速度，因此，在离散涡方法中，计算每一个离散涡的速度即式(5-3)时，需要把计算流场中其他所有涡元对它的诱导速度的贡献都累加起来，即式(5-3)的离散形式为：

$$V(r_i,t) = \sum_{j=1, \neq i}^{N} K(r_i - r_j) G_j(r_j,t) + V_\infty \qquad (5-5)$$

其中，r_i 为所要计算的离散涡的位置；$V(r_i,t)$ 为 t 时刻位于 r_i 位置处的 i 离散涡元的速度矢量；r_j 为流场中离散涡元的位置坐标；G_j 为第 j 个离散涡的环量；N 为总的离散涡的涡元数量。

对于远场边界条件，要满足无穷远处的速度条件，即：

$$V = V_\infty \qquad (5-6)$$

对于离散涡方法来说，根据毕奥-萨伐尔定律，涡对无穷远处的诱导速度为 0，所以远场的边界条件自动满足。另一个边界条件是物面边界条件，对于黏性涡法，应该满足物体表面的无滑移和无穿透条件，即：

$$V_\tau = V_\tau^b \qquad (5-7)$$

$$V_n = V_n^b \qquad (5-8)$$

其中，n 和 τ 分别表示物体表面的法向量和切向量；V_τ^b 代表物体表面的切向速度；V_n^b 代表物体表面的法向速度。

5.1.2 计算诱导速度的涡模型

最简单的涡模型是势涡模型，涡本身没有大小，可以看作是一个点，又称"点涡"模型。根据毕奥-萨伐尔定律，即式(5-3)，在距离点涡较近的地方，点涡的诱导速度较大，距离非常远时，这个点涡产生的诱导速度就非常小。根据式(5-4)和式(5-5)，势涡模型中具有环量 G_i 的涡元产生的诱导速度，可以用下式表示：

$$V = \frac{G_i \times r}{2\pi|r|^2} \qquad (5-9)$$

其中，G_i 代表这个离散涡单元的环量；V 代表诱导速度；r 为计算点到这个离散涡的距离矢量。然而，从势涡的诱导速度式(5-9)可以看出，势涡模型存在一个"奇点"，也就是在涡自身的位置处，诱导速度趋于无穷大，这是不合理的，而且在数值计算中会出现严重的问题，还需要特殊处理。

由于势涡模型存在"奇点"，在涡方法中后来发展出了"涡泡"形态的涡模型，不用点涡的形式来代表离散的涡单元，而是用具有一定涡核半径的"涡泡"来代替，如兰金涡模型、修正形式的兰金涡模型以及高斯形式的涡模型等。兰金涡模型中离散涡 Γ_i 引起的诱导速度公式为：

$$\begin{cases} V = \dfrac{G_i \times r}{2\pi r_0^2}, |r| \leqslant r_0 \\ V = \dfrac{G_i \times r}{2\pi |r|^2}, |r| > r_0 \end{cases} \tag{5-10}$$

其中,r_0为涡核的半径;r为计算点到涡核中心的位置的矢量。而修正形式的兰金涡诱导公式和高斯分布形式的涡模型的涡诱导速度,计算公式分别为:

$$V = \frac{G_i \times r}{2\pi |r|^2}\left[1 - e^{-1.25643\left(\frac{r}{r_0}\right)^2}\right] \tag{5-11}$$

$$V = \frac{G_i \times r}{2\pi r_0^2} e^{-\frac{r^2}{2r_0^2}} \tag{5-12}$$

本书采用修正形式的兰金涡诱导速度公式,即式(5-11),流场中每一个离散涡的速度可由下式计算:

$$V(r_i,t) = \sum_{j=1,\neq i}^{N} \frac{G_j \times r_{ij}}{2\pi |r_{ij}|^2}\left[1 - e^{-1.25643\left(\frac{r_{ij}}{r_0}\right)^2}\right] \tag{5-13}$$

5.1.3 涡的生成

由于逆压和壁面黏性摩擦的作用,物体表面分离点处一部分边界层从物体表面脱落进入流场,形成漩涡。由此可见,流场中所有的漩涡都来自物体表面的边界层,都在物体表面形成,然后脱落,之后产生对流和扩散运动。黏性影响主要局限在物体表面非常薄的边界层内,脱落后的边界层也非常薄,离散涡法就是用一连串的涡元来代替从物体分离点脱落的边界层(或者说漩涡),这些涡元都具有一定的能量,并且是从物体表面脱落的,而且流场中所有的涡都是从物体表面脱落的。

如图5-1所示,在物体表面布置一定数量(M)具有一定涡强的"表面涡元"来近似代替具有"黏性"的物体边界层,用这些表面涡元的涡强变化来模拟涡的生成,在本书中,这些表面涡元是采用线单元的形式来模拟的,图中圆点示意的是每个表面涡元的中心位置,所有表面涡元的长度是相同的,而涡元的强度需要通过计算来得到。为了与附着在物体表面的"表面涡元"相区别,通常把脱离物体进入流场中的涡元称为"自由涡"。

下面,本书对表面涡元强度的计算进行说明。表面涡元强度的计算,是通过物面边界条件来进行求解的,具体地说是采用了满足无滑移条件来计算表面涡元的强度,即式(5-5)。根据Martensen势流方法,考虑流场中自由涡的诱导作用在物体表面引起的速度以及自由来流的存在(图5-2),则物面上第m个表面涡元的强度应该满足:

$$\sum_{n=1}^{M} K(s_m,s_n)\gamma(s_n) = -U_\infty \cdot \tau_m - \sum_{j=1}^{Z} \Delta \Gamma_j U_{mj} \cdot \tau_m \tag{5-14}$$

其中:

$$K(s_m,s_n) = \Delta s_n U_{mn} \cdot \tau_m = \frac{\Delta s_n}{2\pi}\left\{\frac{[-(y_m - y_n)]\cos\beta_m + (x_m - x_n)\sin\beta_m}{(x_m - x_n)^2 + (y_m - y_n)^2}\right\} \tag{5-15}$$

其中，M 为物面划分的涡元总数；s_m 和 s_n 分别表示第 m 和 n 表面涡元；τ_m 为物面 m 处流体切向量；Δs_n 为物面 n 单元的长度；$\gamma(s_n)$ 为表面涡元的强度，在这里是未知量；U_∞ 为自由来流的速度；Z 为流场中自由涡的数量；$\Delta \Gamma_j$ 为第 j 个自由涡的环量；U_{mj} 为第 j 个自由涡具有单位环量时对 m 处的诱导速度；$K(s_m, s_n)$ 表示表面涡元 s_n 具有单位涡强时在表面涡元处引起的切向诱导速度。

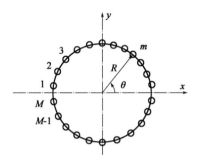 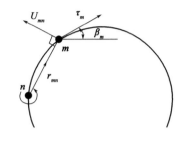

图 5-1　表面涡元的布置示意图　　图 5-2　表面涡元及诱导速度

需要注意的是，当 $n=m$ 时，$K(s_m, s_n)$ 的计算不能采用式(5-15)，需要特别处理，应该采用下式计算：

$$K(s_m, s_n) = \frac{1}{2} + \frac{\Delta \beta_m}{4\pi} \tag{5-16}$$

其中，$\Delta \beta_m$ 为表面涡元由于物面存在曲率而出现的斜率转角。

因为在物面上每个表面涡元的强度都需要满足式(5-14)，因此，M 个表面涡元就得到了由 M 个方程构成的方程组。为了保证涡量守恒，每一个时刻表面涡元强度还需要满足环量守恒：

$$\left[\sum_{n=1}^{M} \Delta s_n \gamma(s_n)\right]_{t+\mathrm{d}t} = \left[\sum_{i=1}^{M} \Delta \Gamma_{\mathrm{R}i} + \sum_{j=1}^{N} \Delta \Gamma_{\mathrm{L}j}\right] \tag{5-17}$$

其中，M 是表面涡元数量；$\Delta \Gamma_{\mathrm{R}i}$ 是 t 时刻表面涡元剩余的环量；N 是 t 时刻接触到物体的自由涡数量；$\Delta \Gamma_{\mathrm{L}j}$ 为接触物面的第 j 个自由涡的环量。

5.1.4　涡的脱落

离散涡法是用一连串的涡元来近似代替从物面分离点脱落的边界层(或者说漩涡)，这些涡元具有一定的涡量，并且是从物体表面脱落的，即这些涡元是由表面涡脱落形成的。涡的脱落，是离散涡方法的一个重要环节，流场中的自由涡皆是由表面涡脱离物体表面而后进入流场当中的。

然而，涡的脱落是非常复杂的一个问题，对于一些有棱角的简单物面(横截面)形式，如三角形，或许可以将分离点固定在物面的角点上，表面涡从这些角点的位置处发生脱落，但是对于大部分的钝形物面(如圆形截面)，涡脱落的分离点较难确定，而且分离点的位置也会随时间变化。尽管涡脱落的问题比较复杂，但是目前在离散涡方法中仍然发展出了一些涡脱落的方法，如随机走步法、偏移法以及涡层扩散法等。

偏移法的基本思想是对表面涡脱离后的位置直接设定一个偏移量,所有的涡都按照这个偏移量脱离物面。如 Porthouse[106]通过研究分析,建议偏移量 σ_0 的取值为:

$$\sigma_0 = \sqrt{4\nu\mathrm{d}t/3} \tag{5-18}$$

其中,ν 为流体运动黏性系数;$\mathrm{d}t$ 为时间步长。但是 Porthouse[106]也指出,这一参数在高雷诺数下不合适。Lewis[107]和 Meneghini 等[108]根据表面涡单元的长度来设定偏移量,分别采用如下的形式:

$$\sigma_0 = 0.25\Delta s \tag{5-19}$$

$$\sigma_0 = \Delta s/(2\pi) \tag{5-20}$$

其中,Δs 为表面涡单元的长度。Lam 等[109]不采用表面涡单元的长度,而直接根据圆柱 D 来对涡进行偏移,偏移量取值为:

$$\sigma_0 = 0.01D \tag{5-21}$$

采用偏移法来处理表面涡元的脱落过程,在计算表面涡的脱落时,对所有的表面涡都进行脱离,这与实际情况中漩涡只在物体表面的分离点处才出现脱落是不符的,实际上是一种近似处理,而且,涡脱落偏移量的取值带有较强的经验性。

涡层扩散法则采用了一定的判断条件来计算表面涡的脱落。如图 5-3 所示,计算中假设表面涡元具有很薄的涡层厚度 h,如 $h=0.01D$。由于流体不可压缩,从每一个表面涡元外边界的流出速度,相当于对流速度 V_c,与单元两个侧边界进入的净流量相关,于是有:

$$V_c = \frac{1}{s_j}\left(\frac{h_j u_j}{2} - \frac{h_{j+1} u_{j+1}}{2}\right) \tag{5-22}$$

其中,s_j 是单元外边界的长度;h_j 和 h_{j+1} 为两侧涡层的厚度;u_j 和 u_{j+1} 为两侧的单元外边缘切向方向上的速度。采用下式计算表面的扩散速度 V_d:

$$V_d = \frac{1.136^2 \nu}{h_j + h_{j+1}} \tag{5-23}$$

于是,由上面的对流速度 V_c 和扩散速度 V_d 可以得到表面涡单元外边界的移动的距离:

$$h_{\mathrm{vor}} = V_c + V_d \tag{5-24}$$

如果 h_{vor} 为正值,那么就认为这个表面涡会发生脱离,否则这个表面涡不会脱离表面,而会保持在原处。那些 h_{vor} 为正值的表面涡脱离物面进入流场,则成为自由涡。

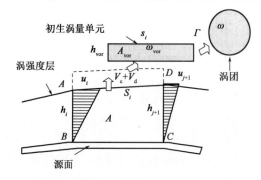

图 5-3 表面涡层和新生自由涡的脱落

本书将涡层扩散法和偏移法这两种方法相结合,先利用涡层扩散法判断每一个表面涡是否满足脱落条件,如果满足则进行脱落,然后按照偏移法,用式(5-21)给出涡的脱离位置,从而实现表面涡元的脱落,且初始涡核半径的大小取值与偏移量式(5-21)相当。

5.1.5 涡的扩散和对流

涡不仅会从物面表面产生和脱落,而且涡进入流场当中还会发生对流和扩散运动。由于涡量输运方程是高度非线性的,难以精确求解,于是,在离散涡方法中把式(5-1)分解为黏性扩散方程和对流方程两部分分别进行计算,黏性扩散方程和对流方程分别如下:

$$\frac{\partial \omega}{\partial t} = \nu \Delta \omega \tag{5-25}$$

$$\frac{\partial \omega}{\partial t} + (u \cdot \nabla)\omega = 0 \tag{5-26}$$

根据边界层扩散理论,涡的黏性扩散可以看作是离散涡涡核的不断扩大,于是,可以不直接求解黏性扩散方程(5-25),而采用"涡核扩散法"来近似计算。每一个时间步内,涡核扩散法的计算公式为:

$$r_0(t + \Delta t) = r_0(t) + 3.17\sqrt{\nu \Delta t} \tag{5-27}$$

其中,Δt 为流体的运动黏性系数;t 为时间步长。离散涡涡核大小的变化会直接影响到诱导速度式(5-11)的计算,特别是距离较近处的涡元,其诱导速度有明显的变化。

5.1.6 流体作用力的计算

物体表面所受流体作用力包含两部分,一个是流体对物体表面的压力,另外一个是流体对物体表面的剪切应力。

计算压力时需求出流场压强分布,由 Uhlman 提出的积分方程可以求解:

$$\beta B + \oint_S B \frac{\partial G}{\partial n} \mathrm{d}l = -\oint_S \left[\vec{n} \cdot \frac{\partial \vec{u}}{\partial t} G + \nu \nabla G \cdot (\vec{n} \times \vec{\omega}) \right] \mathrm{d}l + \iint_V \nabla G \cdot [\vec{u} \times \vec{\omega}] \mathrm{d}S \tag{5-28}$$

其中:

$$B = \frac{p}{\rho} + \frac{u^2}{2} \tag{5-29}$$

$$G = \ln\left(\frac{1}{r}\right) \tag{5-30}$$

其中,β 为常数;p 为压强;ρ 为外部液体密度;u 为流体速度;B 为停滞热焓;n 为物面处流体的法向量;ν 为计算域内部;S 为计算域边界;G 为 Laplace 方程基本解。通过复杂求解得到 B_i 以后,则得到物面 i 点处的压强:

$$p_i = \rho \left(B_i - \frac{u_i^2}{2} \right) \tag{5-31}$$

关于流体对物体表面的剪切应力 τ_w,通常假定在很薄的涡层中速度是线性分布的,那么,物体表面所受的剪切应力就可以用下式计算:

$$\tau_w = \mu \frac{\partial u}{\partial y} = -\mu \omega \tag{5-32}$$

于是，物体所受流体作用力为：

$$\vec{F} = -\oint_S p\vec{e}_n \mathrm{d}s + \oint_S \mu\omega\vec{e}_\tau \mathrm{d}s \tag{5-33}$$

其中，$\vec{e}_n$ 和 $\vec{e}_\tau$ 分别为物体表面的法向量和切向量。如果将物体所受的流体作用力在顺水流方向（IL）和横流方向（CF）进行分解，则可以得到拖曳力 F_D 和升力 F_L，无因次化后可以得到拖曳力系数 C_d 和升力系数 C_L。

$$C_d = \frac{2F_D}{\rho_f U^2 D} \tag{5-34}$$

$$C_L = \frac{2F_L}{\rho_f U^2 D} \tag{5-35}$$

其中，ρ_f 为流体密度；U 为水流流速。

5.2 固定圆柱绕流的模拟

基于建立的二维离散涡法水动力模型对固定圆柱绕流问题进行模拟，给出流体作用力的计算结果，包括拖曳力系数 C_d 和升力系数 C_L，并与文献结果进行比较，也以此验证本书建立的二维离散涡法水动力模型算法的合理性和计算的准确性。本书计算了三个代表性雷诺数情况下的固定圆柱绕流问题，雷诺数分别为 1.0×10^4、1.4×10^5 和 8.4×10^6。对雷诺数 Re 为 1.0×10^4 时固定圆柱的绕流问题进行模拟，计算时间无量纲步长 dtD/U 为 0.1，圆柱表面涡元数量为 32 个。图5-4给出了 $tD/U=200$ 瞬时的流场形态，从图中可以清楚地看到尾流中漩涡的脱落和对流运动。涡的脱落是在圆柱的两侧交替进行的，从形态上看属于"2S"型。

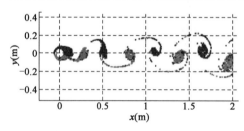

图 5-4 $tD/U=200$ 瞬时的流态

进一步计算了更高雷诺数的圆柱绕流问题。为了便于对比，本书分别模拟了 Cantwell 和 Coles(1983)[110] 和 Roshko(1961)[111] 的圆柱绕流试验工况，其雷诺数分别为 1.4×10^5 和 8.4×10^6，对拖曳力平均值、升力均方根以及涡脱离频率都进行了统计计算。

表5-1给出了本书模拟计算的结果与 Cantwell 和 Coles(1983)以及 Roshko(1961)的试验结果的对比。从表中可以看到，本书模拟计算的拖曳力平均值以及涡脱离频率的值与试验结果都比较接近，由于文献中没有给出升力的结果，因此无法对比。从拖曳力和涡脱离频率的计算可以看到，在这两种雷诺数下，本书模拟计算的结果与试验结果对比都比较相近。

计算结果与文献对比　　　　表5-1

Re	C_d		S_t		$C_{L\mathrm{rms}}$
	文献	本书	文献	本书	本书
1.4×10^5	1.237	1.165	0.179	0.193	0.484
8.4×10^6	0.7	0.682	0.267	0.317	0.121

图 5-5 给出了雷诺数为 1.4×10⁵ 时的圆柱表面压力的分布,并与 Cantwell 和 Coles (1983)的结果进行了对比。从图 5-5 中可以看到,在雷诺数为 1.4×10⁵ 时,虽然在圆柱表面 90°处的压力大小与文献值有一点偏差,但整体较一致。

图 5-6 是雷诺数为 8.4×10⁶ 时的圆柱表面压力的分布,并和 Roshko(1961)的试验结果进行了对比。从图 5-6 看出,在雷诺数为 8.4×10⁶ 时,本书模拟的圆柱表面压力分布结果与文献结果在数值上和变化趋势上都很接近。

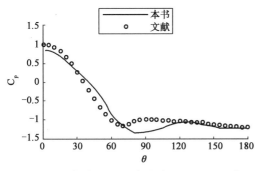 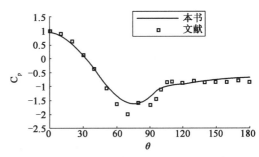

图 5-5　圆柱表面的压力分布,Re=1.4×10⁵　　图 5-6　圆柱表面的压力分布,Re=8.4×10⁶

综上,采用本书建立的离散涡法水动力模型计算对三个雷诺数 1.0×10⁴、1.4×10⁵ 和 8.4×10⁶ 条件下固定圆柱绕流问题进行了模拟,并把本书离散涡法水动力模型计算的流体作用力(包括拖曳力和升力)与文献结果进行了对比。通过这些计算和对比,也验证了本书建立的离散涡法水动力模型对固定圆柱涡激振动计算的正确性。

在这三个算例中,雷诺数分别达到了 10⁴、10⁵ 和 10⁶ 的量级,这也是人们比较关注的实际海洋结构物涡激振动时的雷诺数范围。通过这些算例,表明了本书建立的离散涡法水动力模型可以很好地应用于较高雷诺数下固定圆柱的绕流问题的计算。

5.3　运动圆柱的处理

首先,对于物体表面涡元强度的计算,需要将物体运动速度的贡献加入式(5-14),于是有:

$$\sum_{n=1}^{M} K(s_m,s_n)\gamma(s_n) = -U_\infty \cdot \tau_m - \sum_{j=1}^{Z} \Delta \Gamma_j U_{mj} \cdot \tau_m + U_B \cdot \tau_m \qquad (5\text{-}36)$$

其中,U_B 为物体的运动速度。

其次,对于运动物体,当计算物体所受的作用力时,不仅需要考虑分布在物体表面的表面涡元的贡献,以及流场中运动的自由涡的贡献,还不能忽略物体运动速度变化对物面压强的影响。把物体运动的影响考虑进去,于是可得:

$$\pi B_i + \sum_{j=1, j\neq i}^{N_w} B_i \frac{\partial G_{ij}}{\partial n} \Delta l_j = -\sum_{j=1, j\neq i}^{N_w} n_j \cdot \frac{\partial U_B}{\partial t} G_{ij} \Delta l_j - \nu \sum_{j=1, j\neq i}^{N_w} \nabla G_{ij} \cdot (n_j \times \Gamma_j) + \sum_{k=1}^{N_v} \nabla G_{ik} \cdot (u_k \times \Gamma_k) \qquad (5\text{-}37)$$

由物体运动的速度和加速度关系可得,$\frac{\partial U_B}{\partial t} = a_B$,于是

$$\pi B_i + \sum_{j=1,j \neq i}^{N_w} B_i \frac{\partial G_{ij}}{\partial n} \Delta l_j = -\sum_{j=1,j \neq i}^{N_w} n_j \cdot a_B G_{ij} \Delta l_j - \nu \sum_{j=1,j \neq i}^{N_w} \nabla G_{ij} \cdot (n_j \times \Gamma_j) + \sum_{k=1}^{N_v} \nabla G_{ik} \cdot (u_k \times \Gamma_k) \quad (5\text{-}38)$$

在式(5-38)中,右端第一项代表了物体加速度对物面压强的贡献,右端第二项代表分布在物体表面的表面涡元对物面压强的贡献,右端第三项代表了流场中运动的自由涡对物体压强的贡献。

另外,当物体运动时,在计算涡的脱落以及判断涡在扩散对流运动中是否运动到物体内部时,需要注意更新物体在新时刻的位置。这也就涉及物体在流体作用力下的运动计算的问题。

5.4 长柔性悬浮隧道的有限元模型

为了计算悬浮隧道在水流作用下的运动响应,还需要建立计算悬浮隧道结构运动响应的结构模型,本书采用有限元法建立了悬浮隧道结构有限元模型。下面,将对悬浮隧道结构有限元模型的建立进行详细说明,并从结构静力平衡位置问题的计算和结构运动响应问题的计算两个方面,来验证建立的悬浮隧道结构有限元模型计算结构运动响应的准确性。

采用有限元方法,应用Eular-Bernoulli梁单元以及杆单元。以xoz平面的计算为例,每个单元包括2个节点,共有6个自由度,其中,Eular-Bernoulli梁单元给出了横向位移自由度2和5,以及转动自由度3和6,杆单元给出了轴向位移自由度1和4。则立管结构运动的微分方程如下:

$$m\frac{\partial^2 x(z,t)}{\partial t^2} + c\frac{\partial x(z,t)}{\partial t} + \frac{\partial^2}{\partial z^2}\left[EI(z)\frac{\partial^2 x(z,t)}{\partial z^2}\right] - \frac{\partial}{\partial z}\left[T(z,t)\frac{\partial x(z,t)}{\partial z}\right] = F_x(z,t) \quad (5\text{-}39)$$

$$m\frac{\partial^2 u(z,t)}{\partial t^2} - EA_z\frac{\partial^2 u(z,t)}{\partial z^2} = F_z(z,t) \quad (5\text{-}40)$$

5.5 基于切片法的准三维涡激振动时域模型

悬浮隧道这样的细长结构物长径比非常大,限于当前的计算机发展水平,采用三维计算流体力学(Computational Fluid Dynamics,CFD)模型对悬浮隧道在水流作用下的涡激振动进行模拟是非常困难的,计算量和存储量非常大,且非常耗时。因此,通常采

用一个折中的办法,就是用"切片理论"(Strip Method)的方法进行近似计算。例如,Norsk Hydro、USP、DeepFlow 和 VIVIC 等 CFD 模型,以及 Orcina Vortex Tracking 和 Orcina Wake Oscillator 模型等,都是采用"切片理论"的方法对长柔性结构涡激振动进行模拟计算。

所谓"切片理论",就是沿悬浮隧道轴向把整个三维空间离散成有限数量的二维平面,在二维平面上分别计算流体作用力,然后将所有二维平面上计算得到的流体作用力传递给结构模型,来计算结构的运动响应,在每一个时间步更新结构的位置后再分别在二维平面上进行瞬时流体作用力的计算。在控制节点数目足够多且分段足够密的情况下,采用切片方法的这种准三维数值计算方法可以用来模拟悬浮隧道的涡激振动问题。

前文建立的二维离散涡法水动力模型可以计算二维平面的流体作用力,而立管结构有限元模型可以计算长柔性结构的运动响应,于是,可以采用"切片理论"的方法,将二维离散涡法水动力模型和立管结构有限元模型结合到一起,便可以实现长柔性悬浮隧道涡激振动的准三维模拟计算。

基于切片法的长柔性悬浮隧道涡激振动的流固耦合基本处理思路是:首先,将长柔性悬浮隧道在轴线方向上用有限元的方法分成一定数目的控制节点,在每个控制节点处都把流体运动近似为二维平面问题,然后,通过二维离散涡法水动力模型分别计算出每个控制节点处的流体作用力,之后,再将所有控制节点处计算得到的流体作用力传递给立管结构有限元模型,从而可以计算立管结构的整体运动响应,在每一个时间步更新悬浮隧道结构的位置后,再通过二维离散涡法水动力模型分别计算出每个控制节点处在二维平面上的瞬时流体作用力,逐个时间步依次计算下去,从而实现长柔性立管涡激振动的数值模拟计算。

根据这样的思路,本书将二维离散涡法水动力模型与悬浮隧道结构有限元模型结合,建立了基于切片法的准三维离散涡法涡激振动时域模型。应用这一模型,可以对长柔性悬浮隧道涡激振动进行时域模拟计算。

基于切片法的准三维离散涡法涡激振动时域模型对长柔性悬浮隧道涡激振动进行时域模拟计算的主要步骤如下:

(1)在开始时刻,输入流场参数、结构物形状和位置等参数;
(2)计算外部势流场,生成物面涡量方程组;
(3)求解物面涡量方程组,得到物体表面涡量分布;
(4)计算物体表面涡元的脱落情况;
(5)计算自由涡的对流和扩散;
(6)计算物体所受的流体作用力;
(7)利用悬浮隧道结构有限元模型计算立管的运动响应;
(8)更新悬浮隧道的位置、运动速度和加速度等参数,消除计算域外的涡;
(9)时间增加 dt,若达到预定的计算时间程序终止,否则转到第(3)步计算。

5.6 模型验证

本书基于"切片理论"的方法,将二维离散涡法水动力模型与悬浮隧道有限元模型结合,建立了准三维离散涡法涡激振动时域模型,可以对长悬浮隧道的涡激振动进行时域模拟计算。由于尚未开展系统的开展三维悬浮隧道涡激振动物理模型试验,本书应用这一模型来计算长柔性立管涡激振动的算例,与 Exxon Mobil 研究人员得到过的一个试验工况的结果进行对比。

立管模型的主要参数见表5-2,计算立管在顶部张力为817N,受流速0.42m/s的均匀流作用情况下的涡激振动。Huang 和 Chen(2010)[112]采用 RANS 方法也对这个算例进行过模拟计算。根据切片理论,在立管长度方向上,均匀划分了50个切片,应用本书建立的准三维离散涡法涡激振动时域模型进行计算。

立管模型的主要参数   表5-2

参数	模型长度	直径	壁厚	模型材料	质量比
取值	9.63m	20mm	0.45mm	黄铜(Brass)	2.2

图5-7给出了本书模拟结果在 $tU/D=100$ 时立管和尾流的形态。从图5-7可见,立管在水流拖曳力的作用下,在顺水流方向出现了较大的弯曲变形;在每一个切片平面上,存在着大量的涡元从立管模型表面脱离进入了流场当中;从尾流的形态上可以看出,物面涡元的脱落是交替进行的,并在圆柱的后方形成大量漩涡,涡扩散和对流运动的区域为紊流。图5-8给出了本书模拟结果在 $tU/D=50$ 时长柔性立管横流向和顺流向的瞬时位形,通过模拟计算可以给出每一个瞬时的运动形态。

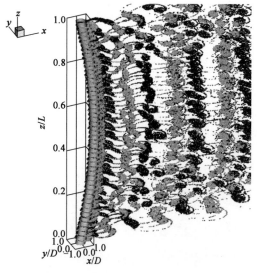

图5-7 $tU/D=100$ 计算瞬时的形态

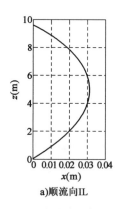
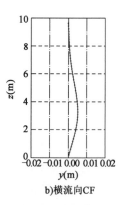

图5-8 $tU/D=50$ 瞬时长柔性立管的位形

将立管上每一处位置的位移响应进行统计，可以得到立管涡激振动的位移标准差。图5-9给出了立管涡激振动的横流CF方向位移标准差在立管长度方向上的分布，其中实线为本书模拟计算的结果，虚线为Huang和Chen(2010)模拟计算的结果，而实心的菱形点为Exxon Mobil试验的结果。

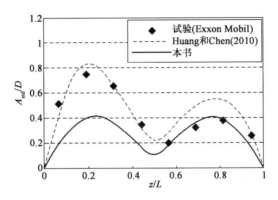

图5-9 立管的位移标准差分布对比

从图5-9可以看到，在立管z/L=0.1~0.4的范围内，本书计算的立管涡激振动的位移标准差与试验值差异较大，Huang和Chen(2010)模拟计算的结果与试验值比较接近，而在z/L为0.5~1.0范围内，本书计算的结果与试验值比较接近，Huang和Chen(2010)模拟结果与试验值和本书计算结果相比偏高一些。

另外，从图5-9位移标准差沿立管轴线方向分布的趋势上看，本模型计算的结果与文献结果比较相似，都呈现出两个"波峰"的形态，说明涡激振动中参与响应的主要模态是第二阶模态，因此，在主要响应模态的预测方面，本模型模拟结果与试验结果是相符的。

5.7 三维悬浮隧道算例分析

为配合交通运输部天津水运工程科学研究所三维悬浮隧道水池试验，依托试验参数开展相关数值模拟，计算参数见表5-3。

三维悬浮隧道计算参数　　　　表5-3

参数	悬浮隧道长度L（m）	外径D（m）	每延米质量（kg/m）	抗弯刚度EI（N·m²）	水深h（m）	淹没深度d（m）	水流流速v（m/s）
数值	24.0	0.252	42.88	71200	1.8	0.7	0.2

计算顶端预张力从100N到100000N情况下悬浮隧道中点位移、弯曲力矩、应变及应力，结果见表5-4。随后整理各计算结果，如图5-10所示，可以看出，随着端部张力的

增大,中点挠度越来越小,对应的弯矩也越来越小,然而应变与应力先减小后增大,之前的应变减小,主要是由于挠度变小,因此变形减小,后面增大主要是因为端部张力增大,此时中点的应变从弯曲应变变为拉伸应变。

不同预张力下三维悬浮隧道计算结果　　　　　　表5-4

预张力(N)	中点挠度(m)	弯矩(N·m)	应变	应力(Pa)
100	0.3391	402	7.1618×10^{-4}	2.576×10^5
200	0.3151	372	6.7024×10^{-4}	2.411×10^5
300	0.2943	347	6.3109×10^{-4}	2.270×10^5
400	0.2761	325	5.9750×10^{-4}	2.149×10^5
500	0.2599	305	5.6848×10^{-4}	2.045×10^5
600	0.2456	288	5.4329×10^{-4}	1.954×10^5
700	0.2327	273	5.2132×10^{-4}	1.875×10^5
800	0.2212	259	5.0209×10^{-4}	1.806×10^5
900	0.2107	246	4.8522×10^{-4}	1.745×10^5
1000	0.2012	234	4.7039×10^{-4}	1.692×10^5
2000	0.1384	159	3.9232×10^{-4}	1.411×10^5
3000	0.1054	119	3.7830×10^{-4}	1.361×10^5
4000	0.0851	95	3.9140×10^{-4}	1.408×10^5
5000	0.0713	79	4.1848×10^{-4}	1.505×10^5
6000	0.0613	67	4.5368×10^{-4}	1.632×10^5
7000	0.0538	59	4.9402×10^{-4}	1.777×10^5
8000	0.0479	52	5.3780×10^{-4}	1.934×10^5
9000	0.0432	47	5.8400×10^{-4}	2.100×10^5
10000	0.0393	42	6.3195×10^{-4}	2.273×10^5
20000	0.0207	21	1.1529×10^{-3}	4.147×10^5
30000	0.0140	14	1.6977×10^{-3}	6.106×10^5
40000	0.0106	11	2.2488×10^{-3}	8.088×10^5
50000	0.0085	9	2.8025×10^{-3}	1.008×10^6
60000	0.0071	7	3.3574×10^{-3}	1.208×10^6
70000	0.0061	6	3.9130×10^{-3}	1.407×10^6
80000	0.0054	5	4.4691×10^{-3}	1.607×10^6
90000	0.0048	5	5.0255×10^{-3}	1.808×10^6
100000	0.0043	4	5.5821×10^{-3}	2.008×10^6

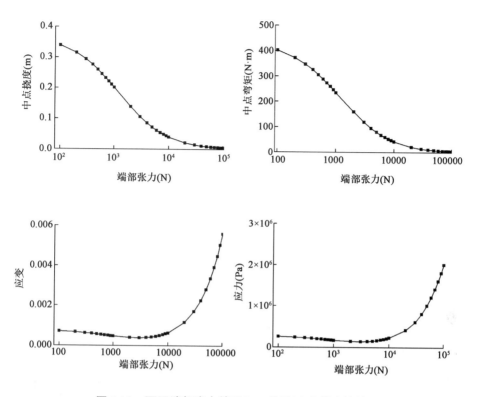

图 5-10 不同端部张力情况下三维悬浮隧道计算结果

5.8 本章小结

本章基于离散涡水动力数学模型,计算了水流与圆柱的耦合作用,以及圆柱在水流下的受力系数和运动情况,随后将三维悬浮隧道简化为欧拉-伯努利梁,模拟其整体变形情况,最后基于切片法得到准悬浮隧道的准三维涡激振动时域模型,并同其他人的试验数据进行了对比验证。通过计算不同预张力情况下的三维悬浮隧道运动可知,随着端部张力的增大,中点挠度越来越小,对应的弯矩也越来越小,然而应变与应力先减小后增大。

第6章

总结与展望

6.1 本书结论

本书依托不同的理论方法,分别建立了波浪-悬浮隧道-锚链系统二维数学模型、水流-悬浮隧道-锚链系统二维数学模型、波浪-悬浮隧道-锚链系统三维数学模型以及水流-悬浮隧道三维数学模型,开展了一系列的数值模拟分析和物理模型试验,初步揭示波流与悬浮隧道的耦合机理,初步阐释了悬浮隧道在复杂波流场作用下的整体动力响应和演绎规律。结论如下:

(1)应用波浪-悬浮隧道二维耦合分析程序,对不同浮重比和不同系泊刚度分布的张力腿式悬浮隧道在不同波浪频率下的一阶和二阶运动响应进行了模拟。分析了黏性阻尼对结构运动响应的影响,发现黏性阻尼大大削弱了结构固有频率处的共振效应,在计算中不可忽略。另外,二阶运动的比例随波频的增加而增加,在垂荡运动中平均偏移量的影响大于纵荡运动。浮重比对悬浮隧道的运动响应影响不大,但对系泊系统的张力影响较大。张力腿型悬浮隧道建议采用较小的浮重比。在研究系泊刚度对运动响应的影响时,增加倾斜锚链刚度的效果优于增加垂直锚链刚度的效果;建议倾斜锚链的刚度大于垂直锚链的刚度。

(2)应用水流-悬浮隧道二维耦合分析程序不同雷诺数下悬浮隧道的受力系数和运动规律。结果表明,雷诺数不仅对振动幅值和锁定区有很大影响,而且对悬浮隧道的力系数也有很大影响。当雷诺数较低时,悬浮隧道的锁定区间、平均拖曳力系数和升力系数均方根较大。随着雷诺数的增加,"锁定"区间、平均拖曳力系数和升力系数均方根值变小。针对大质量比m^*=2.4情况,圆柱后方的漩涡脱落比较规律。然而,在质量比m^*=0.7的情况下,圆柱后方涡脱落有时不规律。在大约化速度下,低质量比的旋涡长度远短于高质量比时的情况。对于低质量比情况,振动幅值较大,对应的约化速度较小。当约化速度大于3.0时,振动幅值一直较大,而且没有下降枝,此外,低质量比的平均拖曳力系数和升力系数均方根也大于高质量比情况。对于主要振动频率,低质量比总是与涡脱落频率一致。

(3)应用波浪-悬浮隧道三维耦合分析程序,对垂直波浪与不同锚索布置间距的张力腿悬浮隧道和不同方向波浪与张力腿悬浮隧道进行分析。结果表明,锚索的布置间距对悬浮隧道整体的运动响应和沿程锚索的张力分布有显著影响,在锚索间距100~300m范围内,随着间距增大,锚索总数的减小更明显;在锚索间距为500m时,隧道整体的一阶固有频率靠近常规波频,易导致共振现象发生,对锚索的安全已极为不利;故综合考虑经济与安全因素,在实际工程中隧道锚索的间距宜布置在250~300m的范围内。在不同的波浪入射方向下,隧道管体的最大瞬时位移形态表现出了不同的趋势,波浪入射角度在15°~45°的范围时,隧道整体的位移峰值较小,而波浪入射角度在60°~90°的范围时,隧道整体的位移峰值相较于15°~45°的范围大很多,而且60°和75°时的峰值通常大于90°的情况,主要原因是斜向波浪激发了悬浮隧道其他阶模态的共振。

(4)应用水流-悬浮隧道三维耦合分析程序计算了不同预张力情况下的三维悬浮隧道运动及受力情况。从计算结果可知,随着端部张力的增大,中点挠度越来越小,对应的弯矩也越来越小,然而应变与应力先减小后增大。

6.2 展望

在悬浮隧道这一未来工程领域,还有许多科学问题值得学者们深入研究,比如悬浮隧道流固耦合机理性问题、真实工程大规模并行计算问题、多种荷载(波浪水流、波浪水流车辆)联合作用问题、极端工况(如地震、爆炸、撞击、沉船等)下的生存问题等,需要我国的科研人员不忘初心,继续努力,早日攻克这一科学难题。

参考文献

[1] TVEIT P. Ideas on downward arched and other underwater concrete tunnels[J]. Tunnelling and Under-ground Space Technology, 2000, 15(1):69-78.

[2] GEIR M. Design philosophy of floating bridges with emphasis on ways to ensure long life [J]. Journal of Marine Science and Technology, 1997, 2:182. 189.

[3] 干湧. 水下悬浮隧道的空间分析与节段模型试验研究[D]. 浙江:浙江大学, 2003.

[4] 王变革. 水下悬浮隧道锚索的动力响应研究[D]. 浙江:浙江大学, 2003.

[5] HIROSHI K, YUZO M, SUSUMU M, et al. Numerical analysis of wave force and dynamic response to the submerged floating tunnels[C]//Strait crossings 94, Rotterdam, 1994: 637-644.

[6] JAMES F. The Seattle-Bellevue loop with the still-water submerged floating tunnel[C]// Strait Crossings 2001, Krobeborg, 2001:581-588.

[7] HAUGERUD S A, OLSEN T O, MUTTONI A. The lake Lugano crossing-technical solutions [C]// Strait Crossings 2001, Krobeborg, 2001:563-568.

[8] MUTTONI A, HAUGERUD S A, OLSEN T O. A crossing proposal for the lake Lugano for the new Alptransit railway across the Alps[C]//Strait Crossings 2001, Krobeborg, 2001: 575-579.

[9] 项贻强,陈政阳,杨赢. 悬浮隧道动力响应分析方法及模拟的研究进展[J]. 中国公路学报, 2017, 30(1):69-76.

[10] 耿宝磊,刘宇,胡传琦,等. 悬浮隧道水动力问题研究概述[J]. 水道港口, 2020, 41(1):1-8.

[11] XU W H, MA Y X, LIU G J, et al. A review of research on tether-type submerged floating tunnels[J]. Applied Ocean Research, 2023, 134:103525.

[12] LIN H, XIANG Y Q, YANG Y S. Vehicle-tunnel coupled vibration analysis of submerged floating tunnel due to tether parametric excitation[J]. Marine Structures. 2019, 67:

102646.

[13] JIN C, KIM M H. Tunnel-mooring-train coupled dynamic analysis for submerged floating tunnel under wave excitations[J]. Applied Ocean Research,2020,94:102008.

[14] SHARMA M, KALIGATLA R B, SAHOO T. Wave interaction with a submerged floating tunnel in the presence of a bottom mounted submerged porous breakwater[J]. Applied Ocean Research,2020,96:102069.

[15] ZOU P X, BRICKER J, UIJTTEWAAL W. Optimization of submerged floating tunnel cross section based on parametric Bézier curves and hybrid backpropagation-genetic algorithm[J]. Marine Structure,2020,74:102807

[16] ZOU P X, BRICKER J, UIJTTEWAAL W. Impacts of extreme events on hydrodynamic characteristics of a submerged floating tunnel [J]. Ocean Engineering, 2020, 218: 108211.

[17] XIANG Y Q, CHEN Z Y, BAI B, et al. Mechanical behaviors and experimental study of submerged floating tunnel subjected to local anchor-cable failure[J]. Engineering Structures,2020,212:110521.

[18] JIN R J, GOU Y, GENG B L, et al. Coupled dynamic analysis for wave action on a tension leg-type submerged floating tunnel in time domain[J]. Ocean Engineering,2020,212: 107600.

[19] CHEN X B, CHEN Q, CHEN Z W, et al. Numerical modeling of the interaction between submerged floating tunnel and surface waves[J]. Ocean Engineering, 2021, 220:108494.

[20] DENG S, REN H J, XU Y W, et al. Experimental study on the drag forces on a twin-tube submerged floating tunnel segment model in current[J]. Applied Ocean Research, 2020,104:102326.

[21] DENG S, REN H J, XU Y W, et al. Experimental study of vortex-induced vibration of a twin-tube submerged floating tunnel segment model [J]. Journal of Fluid and Structures, 2020,94:102908.

[22] ZHANG H Q, YANG Z W, LI J Z, et al. A global review for the hydrodynamic response investigation method of submerged floating tunnels[J]. Ocean Engineering,2021,225: 108825.

[23] XIANG Y Q, LIN H, BAI H, et al. Numerical simulation and experimental study of submerged floating tunnel subjected to moving vehicle load[J]. Ocean Engineering, 2021,235:109431.

[24] JIN C, CHUNG W C, KWON D S, et al. Optimization of tuned mass damper for seismic

control of submerged floating tunnel[J]. Engineering Structures, 2021, 241: 112460.

[25] WU Z W, WANG D X, KE W, et al. Experimental investigation for the dynamic behavior of submerged floating tunnel subjected to the combined action of earthquake, wave and current[J]. Ocean Engineering, 2021, 239: 109911.

[26] WON D H, PARK W S, KIM S. Cyclic bending performance of joint on precast composite hollow RC for submerged floating tunnels[J]. Marine Structures, 2021, 79: 103045.

[27] WON D H, SEO J H, PAK W S, et al. Torsional behavior of precast segment module joints for a submerged floating tunnel[J]. Ocean Engineering, 2021, 220: 108490.

[28] WON D H, PARK W S, KIM S J. Vibration characteristics of submerged floating tunnels with suspension cables according to wave periods[J]. Ocean Engineering, 2022, 254: 111342.

[29] WU L J, MA Y F, LIU M W, et al. Nonlinear characteristics of semirigid and semiflexible segment joints of submerged floating tunnels under the combined axial force and bending moment[J]. Ocean Engineering, 2021, 265: 112651.

[30] KWON D S, JIN C, KIM M H. Prediction of dynamic and structural responses of submerged floating tunnel using artificial neural network and minimum sensors[J]. Ocean Engineering, 2022, 244: 110402.

[31] MIN S, JEONG K, NOH Y, et al. Damage detection for tethers of submerged floating tunnels based on convolutional neural networks[J]. Ocean Engineering, 2022, 250: 111048.

[32] SHAO D, ZHENG J H, ZHANG J S, et al. Vibrating behavior of submerged floating tunnel in current field investigated with hybrid vector-autoregressive model[J]. Ocean Engineering, 2022, 256: 111359.

[33] KUNISU H, MIZUNO S, MIZUNO Y. Study on submerged floating tunnel characteristics under the wave action[C]. In: the Fourth International Society of Offshore and Polar Engineers Conference, Osaka, Japan.

[34] 麦继婷. 波流作用下悬浮隧道的响应研究[D]. 成都: 西南交通大学, 2005.

[35] 王广地. 波流作用下悬浮隧道结构响应的数值分析及试验研究[D]. 成都: 西南交通大学, 2008.

[36] 龙旭. 不同浮重比的水中悬浮隧道在波流荷载下的动力响应[D]. 北京: 中国科学院力学研究所, 2009.

[37] LU W, GE F, WANG L, et al. On the slack phenomena and snap force in tethers of submerged floating tunnels under wave conditions[J]. Marine Structures, 2011, 24(4): 358-376.

[38] SEO S, MUN H, LEE J, et al. Simplified analysis for estimation of the behavior of a submerged floating tunnel in waves and experimental verification[J]. Marine Structures,

2015,44:142-158.

[39] GUERBER E, BENOIT M, GRILLI S T, et al. A fully nonlinear implicit model for wave interactions with submerged structures in forced or free motion[J]. Engineering Analysis with Boundary Elements,2012,36(7):1151-1163.

[40] HANNAN M A, BAI W, ANG K K. Modeling of fully nonlinear wave radiation by submerged moving structures using the higher order boundary element method[J]. Journal of Marine Science and Application,2014,13(1):1-10.

[41] BAI W, HANNAN M A, ANG K K. Numerical simulation of fully nonlinear wave interaction with submerged structures: Fixed or subjected to constrained motion[J]. Journal of Fluids and Structures,2014,49:534-553.

[42] LIU M M, LU L, TENG B, et al. Numerical modeling of local scour and forces for submarine pipeline under surface waves[J]. Coastal Engineering,2016,116:275-288.

[43] TENG B, MAO H F, LU L. Viscous Effects on Wave Forces on A Submerged Horizontal Circular Cylinder [J]. China Ocean Engineering,2018,32(3):245-255.

[44] TENG B, MAO H F, NING D Z, et al. Viscous numerical examination of hydrodynamic forces on a submerged horizontal circular cylinder undergoing forced oscillation[J]. Journal of Hydrodynamics,2019,31(5):887-899.

[45] LIU T, VIUFF T, LEIRA B J, et al. Response validation of a submerged floating tunnel segment[J]. Ocean Engineering,2022,264:112396.

[46] XIANG Y Q, YANG Y. Spatial dynamic response of submerged floating tunnel under impact load[J]. Marine Structures,2017,53:20-31.

[47] SHARMA M, KALIGATLA R B, SAHOO T. Wave interaction with a submerged floating tunnel in the presence of a bottom mounted submerged porous breakwater[J]. Applied Ocean Research,2020,96:102069

[48] SHIVAKUMAR B P, KARMAKER D. Hydrodynamic analysis of floating tunnel with submerged rubble mound breakwater [J]. Ocean Engineering,2022,264:112460

[49] 金瑞佳,刘宇,耿宝磊,等. 波浪作用下悬浮结构水动力特性分析[J]. 水道港口. 2019,40(3):249-258.

[50] 刘宇,金瑞佳,耿宝磊,等. 锚索倾角对不同截面悬浮隧道运动响应影响研究[J]. 水动力研究与进展,2020,35(2):237-247.

[51] ADREZIN R, BENAROYA H. Response of a tension leg platform to stochastic wave forces[J]. Probabilistic Engineering Mechanics,1999,14:3-17.

[52] ADREZIN R, BENAROYA H. Non-linear stochastic dynamics of tension leg platforms [J]. Journal of Sound & Vibration,1999,220(1):27-65.

[53] CHANDRASEKARAN S, JAIN A K. Dynamic behaviour of square and triangular offshore tension leg platforms under regular wave loads[J]. Ocean Engineering, 2002, 29(3):279-313.

[54] CHANDRASEKARAN S, JAIN A K. Triangular Configuration Tension Leg Platform behaviour under random sea wave loads[J]. Ocean Engineering, 2002, 29(15):1895-1928.

[55] TABESHPOUR M R, GOLAFSHANI A A, SEIF M S. Comprehensive study on the results of tension leg platform responses in random sea[J]. Journal of Zhejiang University Science A Applied Physics & Engineering, 2006, 7(8):1305-1317.

[56] ZENG X H, SHEN X P, WU Y X. Governing equations and numerical solutions of tension leg platform with finite amplitude motion[J]. Applied Mathematics & Mechanics, 2007, 28(1):37-49.

[57] ZENG X H, LI X W, LIU Y, et al. Nonlinear Dynamic Responses of Tension Leg Platform with Slack-Taut Tether[J]. China Ocean Engineering, 2009, 23(1):37-48.

[58] FENG C C. The measurement of vortex induced effected in flow past stationary and oscillating circular and d-section cylinder[D]. University of British Columbia, Vancouver, 1968.

[59] KHALAK A, WILLIAMSON C H K. Dynamics of a hydroelastic cylinder with very low mass and damping[J]. Journal of Fluids and Structures, 1996, 10(5):455-472.

[60] KHALAK A, WILLIAMSON C H K. Investigation of relative effects of mass and damping in vortex-induced vibration of a circular cylinder[J]. Journal of Wind Engineering and Industrial Aerodynamics, 1997, 69:341-350.

[61] GOVARDHAN R, WILLIAMSON C H K. Modes of vortex formation and frequency response of a freely vibrating cylinder[J]. Journal of Fluid Mechanics, 2000, 420:85-130.

[62] PLACZEK A, SIGRIST J F, Hamdouni A. Numerical simulation of an oscillating cylinder in a cross-flow at low Reynolds number: Forced and free oscillations[J]. Computers & Fluids, 2009, 38(1):80-100.

[63] BEHARA S, BORAZJANI I, SOTIROPOULOS F. Vortex-induced vibrations of an elastically mounted sphere with three degrees of freedom at Re= 300: hysteresis and vortex shedding modes[J]. Journal of fluid mechanics, 2011, 686:426-450.

[64] ISLAM S U, ZHOU C Y, SHAH A, et al. Numerical simulation of flow past rectangular cylinders with different aspect ratios using the incompressible lattice Boltzmann method[J]. Journal of Mechanical Science and Technology, 2012, 26(4):1027-1041.

[65] ISLAM S U, MANZOOR R, ZHOU C Y. Effect of Reynolds numbers on flow past a square cylinder in presence of multiple control cylinders at various gap spacings[J]. Arabian Journal for Science and Engineering, 2017, 42(3):1049-1064.

[66] FRANKE J, FRANK W. Large eddy simulation of the flow past a circular cylinder at ReD= 3900[J]. Journal of wind engineering and industrial aerodynamics, 2002, 90(10): 1191-1206.

[67] SHAO J, ZHANG C. Numerical analysis of the flow around a circular cylinder using RANS and LES[J]. International Journal of Computational Fluid Dynamics, 2006, 20(5): 301-307.

[68] DONG S, KARNIADAKIS GE. DNS of flow past a stationary and oscillating cylinder at Re = 10000[J]. Journal of Fluids and Structures, 2005, 20(4):519-531.

[69] ZHAO M, CHENG L, TENG B, et al. Hydrodynamic forces on dual cylinders of different diameters in steady currents[J]. Journal of Fluids and Structures, 2007, 23(1):59-83.

[70] ZHAO M, CHENG L, TENG B, et al. Numerical simulation of viscous flow past two circular cylinders of different diameters[J]. Applied Ocean Research, 2005, 27(1):39-55.

[71] XIANG Y Q, CHAO C F. Vortex-induced dynamic response analysis for the submerged floating tunnel system under the effect of currents[J]. Journal of Waterway Port Coastal & Ocean Engineering, 2013, 139(3):183-189.

[72] GE F, LONG X, WANG L, et al. Flow-induced vibrations of long circular cylinders modeled by coupled nonlinear oscillators[J]. Science in China Series G (Physics, Mechanics and Astronomy), 2009, 52(7):1086-1093.

[73] KANG L, GE F, HONG Y S. A numerical study on responses of submerged floating structures undergoing vortex-induced vibration and seismic excitation[J]. Procedia Engineering, 2016, 166:91-98.

[74] SU Z B, SUN S N. Vortex-induced dynamic response of submerged floating tunnel tether based on wake oscillator model[J]. Advanced Materials Research, 2014, 919-921: 1262-1265.

[75] CHEN W M, LI Y L, FU Y Q, et al. On mode competition during VIVs of flexible SFT's flexible cylindrical body experiencing lineally sheared current[J]. Procedia Engineering, 2016, 166:190-201.

[76] JIN R J, LIU M M, GENG B L, et al. Numerical investigation of vortex induced vibration for submerged floating tunnel under different reynolds numbers[J]. Water, 2020, 12:171.

[77] BSHIOP R E D, PRICE W G. Hydroelasticity of ships [M]. Cambridge: Cambridge University of Press, 1979.

[78] WU Y S. Hydroelasticity of floating bodies [D]. Brunel University, UK, 1984.

[79] BSHIOP R E D, PRICE W G, Ternarel P. A general linear hydroelasticity theory of floating structures moving in a seaway [J]. Phil. Trans. R. Soe. of London (series) A,

1986,316:375-426.

[80] WATANABE E, USTUNOMIYA T, WANG C M. Hydroelastic analysis of pontoon-type VLFS: a linear survey[J]. Engineering Structure,2004,26:245-256.

[81] EATOCK T R, OHKUSU M. Green functions for hydroelastic analysis of vibrating free-free beams and plates[J]. Applied Ocean Research,2000,22(5):295-314.

[82] EATOCK T R. Hydroelasitic analysis plates and some approximations[J]. Journal of Engineering Mathematics,2007,58:267-278.

[83] 崔维成. 超大型海洋浮式结构物水弹性响应预报的研究现状和发展方向[J]. 船舶力学,2002,6(1):73-90.

[84] 陈徐均. 浮体二阶非线性水弹性力学分析方法[D]. 无锡:中国船舶科学研究中心,2001.

[85] 滕斌,勾莹. 大型浮体水弹性作用的频域分析[J]. 工程力学,2006,23(2):36-48.

[86] OHKUSU M. Hydroelastic interaction of a large Floating platform with head seas[C]. 14th IWWWFB, Michigan,1998.

[87] CUI W C, SONG H. An improved simplified method for predicting the hydroelastic response of Mat-Like VLFS[J]. China Ocean Engineering,2001,15(3):18-33.

[88] KASHIWAGI M. A time-domain mode-expansion method for calculating transient elastic responses of a pontoon-type VLFS[J]. Journal of Marine Science & Technology,2000,5(2):89-100.

[89] 李辉. 船舶波浪荷载的三维水弹性分析方法研究[D]. 哈尔滨:哈尔滨工程大学,2009.

[90] 王志军,李润培,舒志. 不同干结构模型对箱式超大型浮体结构水弹性响应的影响[J]. 海洋工程,2002,20(1):1-6.

[91] 王志军,李润培,舒志. 结构刚度变化对箱式超大型浮体结构水弹性响应的影响[J]. 船舶力学,2003,7(1):56-62.

[92] 陈国建,杨建民. 超大型浮体试验研究概述[J]. 上海造船,2002,2:22-24.

[93] 陈国建,杨建民,张承懿. 箱式超大浮体的水弹性模型试验[J]. 海洋工程,2003,21(3):1-5.

[94] 程勇. 配有透空减振系统的超大型浮式结构物水弹性响应分析[D]. 大连:大连理工大学,2015.

[95] JIN R J, GOU Y. Motion response analysis of large-scale structures with small-scale cylinders under wave action[J]. Ocean Engineering,2018,155:65-74.

[96] GARRETT D L. Dynamic analysis of slender rods[J]. Journal of Energy Resources Technology,1982,104(4):302-306.

[97] OGILVIE T F. First-and second-order forces on a cylinder submerged under a free

surface [J]. Journal of Fluid Mechanics,1963,16(3):451-472.

[98] VADA T. A numerical solution of the second-order wave-diffraction problem for a submerged cylinder of arbitrary shape [J]. Journal of Fluid Mechanics, 1987, 174:23-37.

[99] AGNON Y, HANG S C, MEI C C. Slow drift of a floating cylinder in narrow-banded beam seas[J]. Journal of Fluid Mechanics, 1988, 190:141-163.

[100] OHYAMA T, HSU J R C. Nonlinear wave effect on the slow drift motion of a floating body[J]. Applied Ocean Research, 1995, 17(6):349-362.

[101] PALM J, ESKILSSON C, PAREDES G M, et al. Coupled mooring analysis for floating wave energy converters using CFD: Formulation and validation [J]. International Journal of Marine Energy, 2016, 16:83-99.

[102] GOPALKRISHNAN R. Vortex-Induced forces on oscillating bluff cylinders [D]. Cambridge:Massachusetts Institute of Technology, 1993.

[103] DONG S, KARNIADAKIS G E. DNS of flow past a stationary and oscillating cylinder at Re=10000 [J]. Journal of Fluid and Structure, 2005, 20:519-531.

[104] ZHAO M, CHENG L, TENG B, et al. Hydrodynamic forces on dual cylinder of different diameters in steady current[J]. Journal of Fluid and Structure, 2007, 23:59-83.

[105] 宋吉宁. 立管涡激振动的实验研究与离散涡法数值模拟[D]. 大连:大连理工大学,2012.

[106] POTHOUSE D T C. Numerical simulation of aerofoil and bluff body flows by vortex dynamic[D]. Newcastle:University of Newcastle Upon Tyne, 1983.

[107] LEWIS R I. Vortex element methods for fluid dynamic analysis of engineering system [M]. Cambridge:Cambridge University Press, 1991.

[108] MENEGHINI J R, YAMAMOTO C T, SALTARA F, et al. Numerical simulation of vortex-induced vibration on flexible cylinder [J]. Journal of Fluids and Structures, 2004, 46:289-313.

[109] LAM K, JIANG G D, LIU Y, et al. Simulation of cross-flow-induced vibration of cylinder arrays by surface vorticity method[J]. Journal of Fluids and Structures, 2006, 22(8):1113-1131.

[110] CANTWELL B, COLES D. An experimental study of entrainment and transport in the turbulent near wake of a circular cylinder[J]. Journal of Fluid Mechanics, 1983, 136:321-374.

[111] ROSHKO A. Experiments on the flow past a circular cylinder at very high Reynolds number[J]. Journal of Fluid Mechanics, 1961, 10:345-356.

[112] HUANG K, CHEN H C. Vertical riser VIV simulation in uniform current[J]. Journal of Offshore Mechanics and Arctic Engineering-Transactions of the ASME, 2010, 132:1-10.